Zu diesem Buch

Alles beginnt im Jahr 1950 in Heidelberg. Von da an geht es schon im zarten Alter von zwei Jahren auf eine wunderbare, aufregende Odyssee durch die noch junge Republik mit einer ersten Heimat als Kind in der damaligen DDR. Es folgt der Übergang in die zweite Heimat in den Westen Deutschlands als Kind, das Heranwachsen in den aufrührenden Zeiten des allgemeinen Aufbruches der Jugend und die Zeit der Orientierung und Suche nach sich selbst als junger Erwachsener. Dabei führen die ersten 25 Lebensjahre den Autor nicht nur auf eine spannende Reise vom Kindsein zum Erwachsenwerden mit allen Höhen und Tiefen, sondern auch quer durch Deutschland vom Osten über den Süden, hoch hinauf in den Norden und wieder zurück.

Reinhard Moh

German Glückskind

(M)eine Lebensgeschichte in 21 Episoden
Die ersten 25 Jahre

mit freundlicher Unterstützung und Mitarbeit von

Sandra Ehrler,

Ulrike Koch, Annette Rooch

sowie allen meinen lieben Zeitzeugen

Bilder: S. 73, Filmfoto mit Claudia Cardinale, fotografiert von Angelo Novi 1962 direkt am Set von „Spiel mir das Lied vom Tod" mit freundlicher Genehmigung © Nachlass Angelo Novi; S. 97/100: Angelika Meissner/Immenhof, Die Filmfotos wurden mit freundlicher Genehmigung des Deutschen Filminstituts-DIF e.V. zur Veröffentlichung freigegeben.

Taschenbuchausgabe, 2017

Alle deutschen Rechte vorbehalten

Copyright ©2017

Self-Publishing, Books on Demand GmbH, www.bod.de

Covergestaltung: Sandra Ehrler, Düsseldorf

ISBN 978-3-7431-6226-6

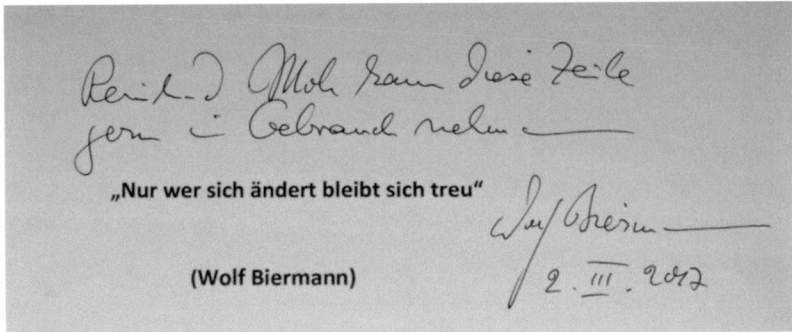

„Nur wer sich ändert bleibt sich treu" schreibt Wolf Biermann am 02.03.2017 in das Klassenbuch!

„Der Wolf und der Reini"

Für Heike

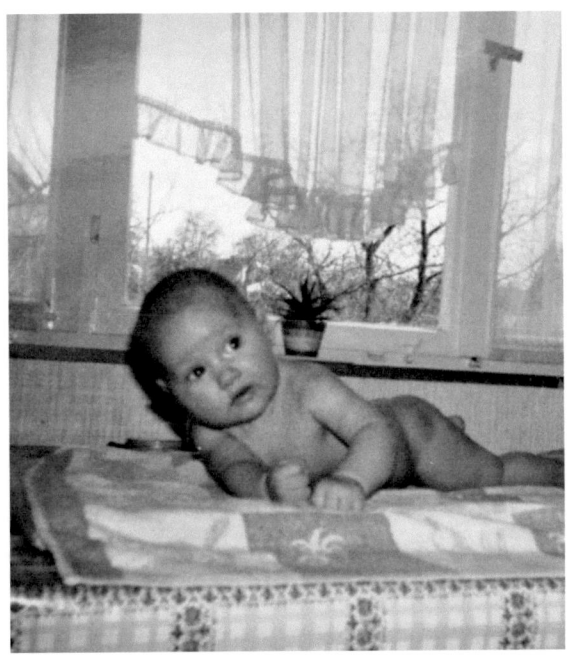

Inhalt

Inhalt	9
Wie alles begann	14
Meine erste Heimat	18
Übergang in meine zweite Heimat	35
Mein Kindsein im Westen	41
Meine frühe Jugend und die Liebe zum Sport	51
Meine frühe Jugend und die Liebe zum Leben	66
Aufbruch in ein anderes Leben	79
Als aus Reinhard Billy wurde	86
First Love	94
Beinahe Face-to-Face mit den Beatles	106
Erwachsenwerden als Bürger in Uniform	115
Szenen einer zu frühen Ehe	130
Die Welt dreht sich, das Leben geht weiter	140
Gehe nicht über Los, ziehe die Karte der Freiheit	144
Nagold und kein Weg zurück	150
Mein SWF 3	157
Ende einer zu frühen Ehe	164
Die Legende Nagold	170
Der Abschied und der Morgentau	173
Hamburger Deern	179

Ein kurzer Ausblick 12 Jahre später 183

Discographie meiner ersten 25 Jahre 185

FotoGraphie 191

Prolog

Januar 2017, mein Leben ist großartig, auch mit einem Lungenkrebs in meinem Körper! Der Liebe in der Beziehung zu meiner 28 Jahre jüngeren Lebenspartnerin, mit der ich schon seit mehr als fünfzehn Jahren zusammen bin, kann der Krebs nichts anhaben. Im Gegenteil: Wir glauben, dass er eines schönen Tages aus unserem Leben verschwindet.

Diese und andere schöne Gedanken über das vielfältige Glück in meinem Leben gingen mir so im Kopf herum, als ich Sandras Hand nahm und im milden Winterwind („**Lady in Black**" von Uriah Heep) zielstrebig im Gelsenkirchener Zoo auf die Schimpansen-Familie hinter Schloss und Riegel zusteuerte.

Von Weitem sah ich schon einen lebhaften Affen, der lustig mit einem abgeknabberten Weidenstock spielte und wohl wollte, dass ein Verwandter von ihm vor der Glasscheibe auf sein Spiel eingehen würde. Keiner der anderen Besucher war spontan bereit, aber mich musste er nicht zweimal bitten.

Sandra nahm ihre Nikon, oder war es eine Canon, und hielt auf dem Boden sitzend fest, wie wir beide, nur getrennt von etwas Glas, Spaß am gegenseitigen Demonstrieren unserer Intelligenz hatten. Als ich dann meinen Zeigefinger an die Schreibe legte, schmiegte er sich mit seinem Mund daran und schaute mir mit vertrauensvollem klaren Blick direkt in die Augen. Ein Bild für die Götter, ein besonderer magischer Augenblick, fand Sandra, und ein unglaublicher Glücksmoment in meinem Leben.

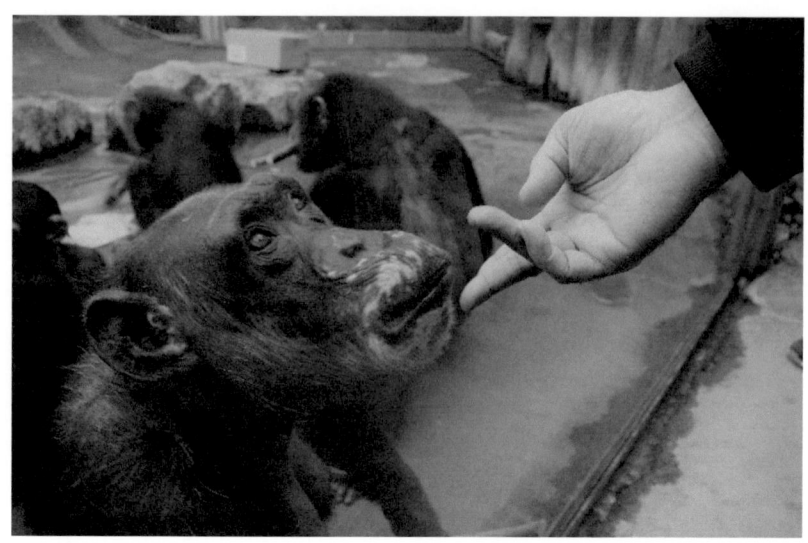

Freundschaft über Grenzen hinaus, Gelsenkirchener ZOOM, Jan. 2017

Als wir gehen mussten, leider viel zu früh, schauten wir uns am Ausgang noch einmal zu unserer neuen Freundin, der Schimpansen-Lady, um, sahen ihre strahlenden braunen Augen und waren tief gerührt, als sie uns zum Abschied freudig zuklatschte.

Was für eine Persönlichkeit und was für ein Glück, ihr nach 67 Jahren begegnet zu sein.

++++*EILMELDUNG*++++*EILMELDUNG*++++*EILMELDUNG*++++

Gratulation! Schimpansen-Song stürmt die Charts.

Also, da laust mich doch der Affe – nein sorry, der Schimpanse.

Unsere Schimpansen-Lady Jahaga und ihre vier affenstarken Kollegen sind im April 2017 die Nr. 1 der iTunes- und Amazon-Charts in Deutschland mit ihrem Song „Menschen Leben Tanzen Welt".

Jan Böhmermann alias Jim Pandzko, das geniale Songwriter Schimpansen-Quintett aus Gelsenkirchen, Sandra und ich hoffen auf den Echo 2018.

Gut gemacht, Jahaga!

Und wir legen sehr viel Wert darauf, dass wir Dich und Dein Show-Talent bereits im Januar im ZOOM entdecken durften. Weiter so!

Wie alles begann

Meine Geburt fand vier Tage vorher statt, aber erst am 22. Mai 1950 schrieb das Standesamt Heidelberg: „Die Gertrud Moh, geborene Jopke, evangelisch und wohnhaft bei ihrem Ehemann dem Hilfsarbeiter Karl Hans Moh auch evangelisch, in Dilsberg, Ortsteil Rainbach, Kreis Heidelberg im Haus Nummer 21 hat am 18. Mai 1950 genau", es kann auch ein paar Minuten später gewesen sei, denn ich wurde ja so was wie ein Spätzünder, „um 15 Uhr zwanzig einen Knaben geboren. Das Kind hat folgende Vornamen erhalten: Reinhard Walter." Unterschrieben hatte ein Vertreter des Standesbeamten. Es könnte sein, dass ich wohl nicht so wichtig war, und das tut auch ein bisschen weh. Scherz!

Lange habe ich geglaubt, dass mein Lieblingssänger Jackson Browne am selben Tag und Ort geboren wurde wie ich. Später stellte sich raus, dass ich mir das nur so ausgemalt habe. Er war zwar auch in Heidelberg geboren und auch 1950, aber eben nicht am selben Tag. Schade! Außerdem war ich lange davon überzeugt, dass ich im weltberühmten Heidelberger Schloss das Licht der Welt erblickt habe, was ich mir aber leider auch nur eingebildet hatte. Natürlich bin ich, wie die meisten Menschen, in einem Krankenhaus geboren. Aber vielleicht hat meine Mutter ja in der Wäscherei des Schlosses gearbeitet, das lässt sich heute leider nicht mehr genau feststellen. Auf jeden Fall ist meine Vorliebe für frisch gewaschene Wäsche prägnant, und noch heute mit 67 Jahren komme ich an keinem Waschsalon vorbei. Ich liebe Waschsalons, das Drehen der großen Trommeln mit den Fenstern, größer als die Bullaugen auf dem größten Luxusliner, und die noch größeren Gucklöcher der Trockner. Sandra, meine langjährige Partnerin und immer noch Begleiterin in meinem Leben, zieht schon die Augenbrauen hoch, wenn ich nur frage, ob und wo es denn einen Waschsalon in unserem nächsten Urlaubsort gibt. Einen Salon, am Gardasee war es glaube ich, haben wir zum Beispiel mal komplett unter Wasser gesetzt. Sie ist auch jedes Mal genervt, wenn wir wieder nicht das nötige Kleingeld für die Automaten bei uns haben und dann eine, wie sie sagt, „Tingel-Tour" durch die umliegenden Läden machen müssen, um die nötigen Münzen zusammen zu bekommen, die sich dann zu allem Überfluss auch gerne mal in den Geldeinwürfen verklemmen. Trotzdem: Sobald die Wäsche sauber, trocken und eingetütet ist, ist die Welt wieder in Ordnung und es stellt sich dann doch Zufriedenheit ein, dass man diese Aufgabe wieder einmal erfolgreich gemeistert hat.

Aus dem Jahr 1955, mein Vater hatte sich inzwischen als Soldat bei der auf Adenauers Betreiben hin neu gegründeten Bundeswehr verpflichtet, gab es eine Abschrift der Geburtsurkunde, unterschrieben von einem Oberleutnant im Juli in Eschwege. Entweder wurde diese Abschrift dafür benötigt, dass mein Vater den Antrag für das Kindergeld einreichen konnte oder dass belegbar war, dass ich Bundesbürger war und aus der DDR ausreisen durfte. Denn zu dieser Zeit war ich schon Jungpionier, das wurden nämlich alle Erstklässler in der DDR. Als Jungpionier bekam man das begehrte blaue Halstuch, das mit blauer Hose zu bestimmten Feiern oder zum Fahnenappell in der Schule getragen werden musste. Auch ein blaues Käppi gehörte zur Kleidung. Ich besuchte also die 1. Klasse und trug stolz, wie jedes andere Kind, das Halstuch. Die Abschrift konnte daher nichts mit meiner Ausreise zu tun gehabt haben.

Eine zweite Abschrift fand ich dann später, und die war aus dem September des Jahres 1956. Diese war dann wohl tatsächlich für meine Ausreise gedacht, denn danach war es vorbei mit

Jungpionier und "Für Frieden und Sozialismus: Seid bereit!". Das sagte der Lehrer zu Beginn des Unterrichts, worauf die Klasse antwortete: "Immer bereit!".

Auch in den ersten 25 Lebensjahren sind die Dinge nicht immer so, wie sie uns zu dem Zeitpunkt erscheinen. Wie wir die Welt sehen, hängt sicher auch von der Zeit ab, in der wir so leben, als Kind aufwachsen, in die Schule gehen, eine Lehre absolvieren oder gar studieren. Später sollte für Jungs die Bundeswehr kommen und danach eine feste Anstellung, dann sollten sie Vater werden und auf die Rente warten. Zwischendrin Rasen mähen, nur am Samstag, und zusehen, wie der Ansatz am Bauch größer und größer werden würde.

Die Mädels wurden in den Haushalts- oder Brautschulen auf die Ehe vorbereitet und zarte Bande zum anderen Geschlecht wurden in den spießigen Tanzschulen geknüpft. Das hatte sich aber Mitte der Sechziger erledigt, denn die Jugend wurde durch die „Neue Zeit", die es so noch nie vorher gab, wach geküsst und man nannte die Jüngeren jetzt „Teenager" und die älteren „Twens".
Oh Gott, war das spannend, aufregend und neu! Heute gibt es keine Musik, die nicht schon einmal komponiert wurde, kein Buch, das nicht schon mal irgendwie geschrieben worden ist oder gar einen Film, der nicht schon einmal abgedreht worden wäre.

Natürlich begann alles schon Mitte der Fünfziger in Amerika, dem Sehnsuchtsland der deutschen Jugend Ende des Jahrzehntes. James Dean und Natalie Wood im Film "**Rebel Without a Cause**" machten den Anfang, und der Rock`n Roll mit Bill Haley und dem King folgten und lösten eine

Massenbewegung gleichbedeutend einer Stampede aus. Diese Welle schwappte dann auch über den Großen Teich hinüber zu uns, und Anfang des neuen Jahrzehntes ging es dann mit der eigentlichen Revolution der Jugend weiter, aber das wissen ja alle, wer und was der Auslöser war, welche Auswirkungen das hatte, und was es mit uns und der Gesellschaft weltweit in den folgenden Jahrzehnten machen sollte.

Wen das Leben eines Glückskindes nun interessiert, sollte einfach den nachfolgenden Zeilen folgen. Die Rückschau auf meine Lebensgeschichte hilft mir heute sehr, mit dem Krebs zu leben oder ihn vielleicht eines Tages zum Teufel zu jagen. Ich kann mein Leben mit dem Wissen von heute noch mal neu betrachten, mit vielem Frieden schließen, und vielleicht unterstützt das Heilen der Seele ja auch die Heilungskräfte des Körpers.

Meine erste Heimat

Meine Kindheitserinnerungen sind eng verbunden mit meiner Oma und Uroma, genannt „Mohnoma". Die hatte ein kleines Hexenhaus, das ich später als junger Erwachsener noch einmal sehen durfte. Genau wie die Mauer vor dem Bauernhof war für mich als kleiner Steppke alles riesig und groß. Die Oma bekam ihren Spitznamen, weil sie am Wochenende immer einen Mohnkuchen buk, aber auch ihre Mohnknödel waren ein Traum. Ob wir dadurch damals alle wöchentlich ein- oder zweimal high wurden, weiß ich nicht mehr. Jetzt bin ich 67, da ist noch nicht alles vorbei, und habe drei Generationen meiner Familie miterlebt. Das war mir früher nie so bewusst, und heute empfinde ich es als Privileg, viele erlebt zu haben. Glück gehabt.

Wann, wie und warum ich als kleines Kind, und mit wie viel Jahren eigentlich genau, aus Heidelberg im Westen in die Deutsche Demokratische Republik im Osten gekommen bin, weiß keiner mehr so genau. Die, die es wissen könnten, sind leider schon gestorben. Das ist also nicht mehr zu klären. Da wir zu der Zeit vier Kinder waren, war wohl einer zu viel an Bord, und meine Eltern konnten wohl noch nicht alle sattkriegen. Oder hatte ich damals schon gesundheitliche Probleme? Gekränkelt habe ich ja meistens, auch heute noch. Im Rückblick kommt mir die Tatsache, dass ich so früh zu meinen Großeltern kam, schon etwas seltsam vor. Der tatsächliche Grund lässt sich heute auch nicht mehr mit Bestimmtheit sagen, da meine Eltern und meine Oma nicht mehr leben, und Zeitzeugen wie meine Schwester Irmtraud sich nicht daran erinnern können. Es ist aber naheliegend, dass, wie auch heute bei vielen Familien, wirtschaftliche Gründe eine Rolle gespielt haben. Damit wäre ich dann wohl einer der ersten Wirtschaftsflüchtlinge, die vom

Westen in den Osten rüber machten, obwohl die Flucht in die andere Richtung damals sicher deutlich häufiger vorkam.

Irgendwann befand ich mich dann in Meltewitz Nr. 2, Kreis Wurzen nah bei Leipzig, auf dem Bauernhof der Familie Wünsche, die meine Großeltern nach dem Krieg aufgenommen hatte. Ernst und Edith Wünsche waren herzensgute Menschen. Sie hatten zudem noch eine Tochter namens Heidrun, ein Jahr älter als ich, und damit war meine Kindheit eigentlich vollkommen.

Beide waren wir Glückskinder, da uns nichts und niemand etwas anhaben konnte und wir eine tolle Kindheit hatten, die ich heute jedem Kind auf dieser Welt von ganzem Herzen wünsche. Hier war man sicher für einige Jahre.

Meine erste Familie lebte auf einem Vierkanthof. Das waren die Wünsches mit Heidrun und die Jopkes mit mir. Meines Opas Vorname war Ernst, ein Jahrhundertmann mit zwei dieser unsäglichen Weltkriege im Gepäck, die er als Bürde mit sich herumtrug. Er sprach wenig mit mir, heute verstehe ich das. Im Gedächtnis bleibt, dass er grauschwarze Haare hatte, und jeden Morgen sah ich ihn rasierend vorm Spiegel stehen. Er trug Hosen mit Hosenträgern, die aber locker an den Seiten hingen und erst später, nach dem ersten Kaffee, umgelegt wurden. Ich glaube, er musste sehr hart auf dem Feld arbeiten, genau wie meine Oma, denn das war die Gegenleistung für die Bleibe, Speis und Trank auf dem Hof. Sie gehörten jetzt zur Familie, und ich war glücklicherweise mittendrin. Als mein Opa starb, war mir noch nicht bewusst, dass zum Leben auch das Sterben gehört. Das wurde mir zum ersten Mal später, als ich mit 18 Jahren zur Bundeswehr kam, richtig klar, und spätestens da war „Schluss mit lustig".

Eines der starken Bilder der Erinnerung ist der große Turm in Leipzig, den man immer bei „In aller Freundschaft", einer Arztserie aus dem Fernsehen, sieht. Dieses Bild, das sich wie ein Wahrzeichen in mir festgesetzt hat, als ich es als Kind zum ersten Mal sah, löst jetzt jeden Dienstagabend ein starkes Gefühl von Heimat in mir aus.

Die Bilder, die ich von meiner Oma in Erinnerung habe, sind stark und immer allgegenwärtig. Meine Oma, Jahrgang 1900, gehörte zu den 1,2 Millionen Schlesiern, die nach Ende des Zweiten Weltkrieges flüchten mussten. Da regen wir uns heute über ein paar tausend Flüchtlinge in der Woche auf. Damals haben die Deutschen das auch geschafft, aber die Flüchtlinge hatten es am Anfang genauso schwer wie heute, und erst Jahre später gab sich das dann.
Ihr Vorname war Emma, heute hören wieder viele Mädchen auf diesen Namen. Sie hatte den gleichen Geburtsnamen wie der Nachname meiner Mutter nach ihrer Heirat und war aber auch gleichzeitig die Mutter meiner Mutter. Das wusste ich aber damals noch nicht. Emma Jopke, geborene Moh, das fand ich immer witzig. Ich habe es leider immer versäumt herauszufinden, wer aus welcher Linie stammt.
Meine Großmutter, deren Reisepass aus der DDR mit der Nummer 1750408 ich heute noch immer besitze, war mittelgroß und hatte hell leuchtend graue Haare, die sie streng zurückgekämmt trug. Ihre blaugrauen Augen strahlten Stärke und Zuversicht aus, und ihr Herz und ihre Güte waren größer, höher und breiter als der höchste Berg der DDR, der Brocken. Eine wertvolle Brosche hielt ihre Bluse zusammen und für mich sah es so aus, als ob das ein Zeichen von Ordnung signalisieren sollte und ich sicher sein konnte, dass in ihrer Nähe mein Leben nicht in Unordnung geraten könne.

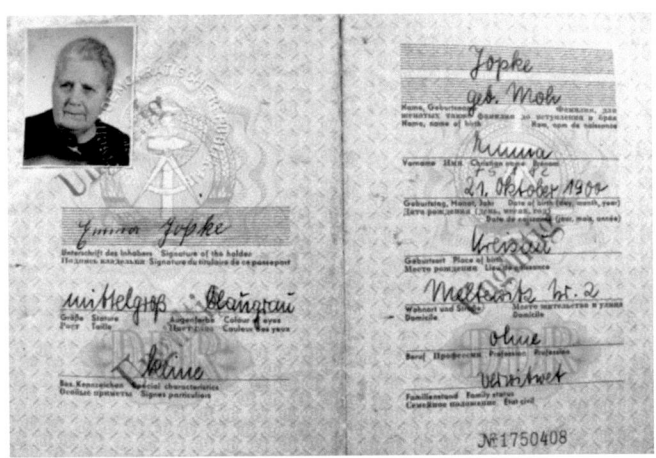

Meine geliebte Oma Emma Jopke

Es gab nur einmal ein Ereignis, wo ich so richtig den Arsch versohlt bekommen habe. Womit? Mit Recht! Was war passiert? Ich ging, obwohl es verboten war, auf das Eis des noch nicht ganz zugefrorenen Dorfteiches, bin eingebrochen und wurde gerade noch so mit langen Stangen, an die ich mich klammern konnte, gerettet. Wer kennt das nicht? „Habe ich doch nicht mit Absicht gemacht", muss ich wohl unter den Tränen der Tracht Prügel gemurmelt haben. Heute noch träume ich, dass ich auf dünnem Eis einbreche, und anstatt mich sofort auf den Bauch zu legen, laufe ich zur Mitte, und hinter mir bricht das Eis immer weiter, wie im Film. Während meiner Hatz zur Mitte, wo das Eis ja dicker sein musste, wache ich immer auf. Heute verstehe ich, wenn jemand zu einer anderen Person sagt: „Ganz dünnes Eis".

Zu den starken Bildern gehört natürlich noch die Familie Wünsche, der Bauernhof, der Ort Meltewitz, die vielen Tiere und die weiten Felder. Die waren bunt, manchmal gelb vom Weizen, und die Ähren sahen aus wie geflochtene Mädchenzöpfe. Es gab auch Felder mit Wildblumen, die so bunt waren, als ob hunderte von Künstlern diese Landschaft im Frühjahr bis zum Sommer gemeinsam gemalt hätten. Die Düfte und das Friedliche der Natur sind unvergessen. Das alles hat sich fest und unauslöschlich in mir eingebrannt.

Später, als ich wieder zurück zu meiner Familie im Westen kam, sind wir immer als Kinder in den Sommerferien zu meiner Oma gefahren und verbrachten eine unbeschwerte Zeit. Meine Mutter begleitete uns allein, da mein Vater ja als Berufssoldat nicht in die DDR einreisen durfte.
Der Alltag allein mit meiner Oma, Opa starb irgendwann, war ein Traum. Das Leben auf dem Bauernhof war jeden Tag spannend, und Emma passte auf mich auf, damit mich auch ja kein Fuchs stehlen konnte, so wie er das oft bei unseren Hühnern machte. Einmal in der Woche, meist freitags, wurde geschlachtet, Frettchen wurden gejagt und ich half mit, das Heu einzufahren. Jeden Nachmittag gab es Tee aus einer Emaille- oder Blechkanne. Zum Tee gab es immer so dicke „Bemmen", also ein Butterbrot mit grober Leberwurst. Lecker. Da steh ich heute noch drauf, aber dieser besondere Geschmack des Brotes und der Wurst kam später nicht mehr zurück. Mit Heidrun hatte ich schon meine erste Freundin und das schon als Kind. Wenn das mal kein Omen sein sollte für mein späteres Leben.

Das Schlachten im Hof war als Kind immer ein Erlebnis, aber wenn Opa Wünsche den Bolzen an das Gehirn des Schweines hielt, um es zu betäuben, mussten wir Kinder kurz den Hof verlassen. Wir sollten halt nicht sehen, wie Ernst Wünsche den anschließenden Kehlenschnitt ausführte. Später erklärte man Heidrun und mir, dass das Tier ausblutet und den Schnitt nicht mehr spürt. Das Schlachten mit den frischen warmen Würsten habe ich heute noch fest gespeichert und obwohl ich weiß, was drin ist und wie ungesund es sein soll, esse ich heute noch mit Vorliebe Wurst und vieles, was ein Metzger so für uns bereithält, wenn man Glück hat, einen in seiner Nähe zu haben. Vegetarier gab es nicht in der DDR und auf dem Dorf schon gar nicht, denn Mangelwirtschaft war ein Fremdwort in der verschworenen Dorfgemeinschaft.

Hunger kannte ich also nicht, und ein Höhepunkt für uns Kinder in dieser Zeit, aber auch später, war das mehrmalige Klingeln des Eismannes. Der hielt mit seinem Wagen mit drei Rädern, das eine vorne, die anderen beiden hinten, direkt vor unserem Hoftor. Das vordere Rad war für sein Fahrrad und die hinteren zwei waren mit dem Eiswagen verbunden, der wie ein Kasten aussah und auf dem in großen roten Buchstaben das Wort „Eis" von Hand aufgemalt war. Drei Deckel aus porzellanähnlichem Material verbargen die einzige Süßigkeit, die wir so hatten oder an die ich mich noch erinnern kann. Und immer, wenn das Klingeln zu hören war, öffneten sich wie von einem unsichtbaren Zauberstab dirigiert die grün gestrichenen Hoftore und Seitentüren der Nachbarshöfe. Hinaus stürmten wir und die anderen Kinder mit jeweils drei silbernen Groschen in der Hand.

Vorne auf den Münzen stand die 10 und das Wort Pfennig, die Zahl wurde flankiert von zwei Eichenblättern. Auf der Rückseite war das Wappen der DDR, Hammer und Zirkel abgebildet. Die Münzen waren so leicht, dass man aufpassen musste, sie nicht zu verlieren, denn sie bestanden vorwiegend aus Leichtmetall.

Eine riesige Traube von Kindern bildete sich innerhalb einer Minute um den Eismann herum. Der füllte immer in der gleichen Reihenfolge die Eiskugeln mit seinem Portionierer in die Waffel.

Vanille, Erdbeere und in der Mitte oben drauf Schokolade. Schmackofatz!

Wir wohnten auf der rechten Seite der vier Kanten, eine Stiege führte hinauf in die gute Stube, ein Plumpsklo gab es auch, und als Toilettenpapier benutzte man die schon gelesenen Zeitungsausgaben des *Neuen Deutschland* (das offizielle Organ der DDR und einzige Zeitung) und das war hart - im wahrsten Sinne des Wortes. Später, als ich lesen konnte, habe ich immer nur den Sportteil gelesen, wenn wir regelmäßig in den Sommerferien aus dem Westen zu Besuch kamen. Mit drei oder vier Jahren konnte ich noch nicht lesen und wischte mir deshalb meinen Po auch ohne große Gedanken mit dem Zeitungspapier ab.

Geschlafen haben Oma und Opa und ich in einem Zimmer. Es war kalt im Winter, aber der Ofen in der guten Stube gab tagsüber genug Wärme ab, denn Opa sorgte für genügend Holz. Auf die Fensterscheiben malte der Winter seine kleinen und großen Sterne. Im Schlafraum gab es keinen Ofen, es war bitterkalt, und die Bettdecke war klamm und wie festgefroren. Oma aber brachte mir eine Wärmflasche und zog mir zur Nacht noch eine Ohrenmütze über. So eine, wie Soldaten sie trugen. Sie gehörte meinem Opa Ernst, war zu groß, schützte aber meinen kleinen Dickkopf.

Auf den Morgen freute man sich, denn dann füllte Oma die Waschschüssel mit heißem Wasser, das sie vorher auf der Herdplatte des Ofens zum Kochen gebracht hatte. Frischer Malzkaffeeduft stieg mir in die Nase und als ich aufstand, gab es für mich Kakao und das leckere Landbrot mit Marmelade. Opa war schon im Stall oder auf dem Feld, und ich war mit Oma allein. Das gefiel mir sehr und es fühlte sich warm und geborgen an.

Wenn der Schnee dann da war, holten Heidrun und ich unsere Schlitten heraus und ließen uns durch das Dorf bis zur Kirche ziehen. Dort war der einzige kleine Hügel zum Rodeln in der sonst flachen und kargen Landschaft.
Das war ein Spaß, und manchmal ließ ich es mir nicht nehmen, meine Freundin Heidrun allein zum Kirchberg zu ziehen, um dann mit ihr in rasanter Fahrt zwanzig Meter hinab zu fahren. Da brach dann immer großer Jubel von uns und den anderen Kindern aus dem Dorf aus. Wir waren sehr glücklich in meiner Idylle auf Zeit!

Wenn der Schnee dann eines Tages über Nacht weg war und die Sterne an den Fensterscheiben sich zusammenzogen und immer kleiner wurden, kam der Frühling und weckte den Hof und ihre Bewohner nach dem langen Winterschlaf auf. Man hörte wieder die Fuhrwerke über holpriges Kopfsteinpflaster rumpeln, um die Milchkannen, die vor dem Hof standen, mit lautem Geschepper auszutauschen. Es kam wieder das bunte Leben des Hofes zum Vorschein, und alle lachten und strahlten wieder. Die bunten Kopftücher der Frauen wirkten aus der Ferne wie kleine Farbtupfer auf einem Gemälde von Monet. Die jungen Herren hingen wie magisch angezogen an den Rockzipfeln der Mädchen und umwarben sie wie Bienen, die von Blüte zu Blüte fliegen.
Schaute man aus dem kleinen zugigen Fenster in der Stube oder dem Schlafraum, kletterten in Windeseile grüne Ranken die Fassade hinauf und das Gras im Garten stülpte wieder sein knallgrünes Kleid über. Jetzt wurde es langsam Sommer und die Vorfreude auf warme und lange Tage nahm zu. Direkt vor den Fenstern unserer Stube stand ein Kirschbaum mit Sauerkirschen.

Er war fast 10 Meter hoch und hatte eine runde und lockere Baumkrone. Der Baum wuchs und im Laufe der Jahre ragten seine Zweige weit zu beiden Fenstern hinein. Das störte aber nicht, denn sie waren so schwach, dass man sie mit bloßer Hand zur Seite drücken konnte, wenn man die Fenster schließen wollte. Im Juli bediente ich mich dann ohne große Anstrengung und Opa sammelte die Kirschen in einem Korb, damit Oma sie einkochen und einwecken konnte. „Der nächste Winter kommt bestimmt", sagte sie immer zu mir und lächelte mich fast spitzbübisch an.

Oma, Opa und ich auf unserem Hof, 1953/54

Die Wäsche wurde wieder im Freien gewaschen, hing jetzt immer im Hof auf einer Leine, und der milde Sommerwind machte aus ihnen bunte wehende Fahnen. Für die Sommersonne war der Rest ein Kinderspiel. An jedem Sommerabend saß das lustige Völkchen der Feldarbeiter mit uns allen auf dem Hof um Wünsches Gartentisch herum, aß, lachte und trank Bier. Ein Höhepunkt des Abends war das gemeinsame Singen des Schlagers **„Wenn bei Capri die rote Sonne im Meer**

versinkt" von Rudi Schuricke. Aber sie wandelten den Text genial um in „**Wenn bei Capri die rote Flotte im Meer versinkt**", was natürlich schon in den Anfangsjahren der DDR ein großes Risiko war, denn es gab sicher schon den einen oder anderen, der bei Guck und Horch in Lohn und Brot stand. Opa Wünsche musste zur Sicherheit eingreifen und stimmte dann einfach feuchtfröhlich „Auferstanden aus Ruinen" an, denn man wusste ja nie. Heidrun und ich tranken Brause, die wir immer selbst am Nachmittag aus der Dorfgaststätte holten und mit unserem Taschengeld bezahlten, das wir uns durch unsere Mitarbeit auf dem Feld oder Hof verdient hatten. Heidrun war für das Eiersammeln zuständig und ich kümmerte mich um die Gänse, die im Hintergarten lebten und fröhlich schnatterten. Der Garten lag hinter der großen Scheune, eine kleinere war direkt nebenan. Ein schmaler Bach, mit einem Zaun so groß wie ich damals, zur Straße hin machte das Ausbüchsen der Tiere unmöglich. Ging man durch die Scheune, musste man an Traktoren und Pferdefuhrwerken vorbei. Im Stockwerk darüber wurde das Heu eingelagert und für uns war es ein toller Ort, um uns dort hin und wieder vor den Erwachsenen zu verstecken, denn es kam schon vor, dass wir ab und zu mal Blödsinn gemacht haben. Wir waren halt Kinder - und wir waren glücklich.

Wenn man als Kind das große Glück hat, auf einem Bauernhof aufwachsen zu dürfen, ist das ein wertvolles Geschenk des Lebens. Es war zusammen mit der liebsten Großmutter der Welt das erste Fundament in meinem Leben und half mir immer wieder nach Niederlagen aufzustehen, stürmische Lebenszeiten zu verkraften, und verlieh mir die Fähigkeit, „Glück" aufzuheben, wenn es vor mir lag.

Fußball war in beiden Teilen des Landes der Sport, der die Menschen bewegte. Dass Deutschland 1954 Fußball-Weltmeister wurde und sich ein ganzes Land dadurch veränderte, haben mir wohl alle verschwiegen, obwohl meine Oma immer auf Piek und Ulbricht, die Parteibonzen, wie ein Rohrspatz schimpfte.

Vier Jahre später, da war ich schon im Westen unter vielen Tränen, habe ich die WM `58 in Schweden mitbekommen, in schwarz-weiß im Fernsehen, und ich erinnere mich wie heute, dass der Verteidiger Erich Juskowiak, genannt „Der Hammer", unberechtigt vom Platz flog. Die BRD verlor 3:1 und es ging als DAS Skandalspiel in die Historie ein. Die feindlichen und frenetischen „Heija"-Rufe der Schwedischen Zuschauer werden mir immer im Gedächtnis bleiben. Die *Bild* kostete damals 10 Pfennig, hatte eine ganze Titelseite zum Spiel und schrieb in großen roten Lettern verbittert von der »Hölle in Göteborg«. Irgendwie wurde es dann doch noch gerecht, denn Brasilien gewann im Endspiel 5:2 gegen die Gastgeber. Hier sah man zum ersten Mal einen damals achtzehnjährigen jungen Spieler, der mit Künstlernamen Pelé hieß.

In Meltewitz gab es auch einen Fußballplatz. Gelbbrauner Rasen und weiße rechteckige Torfosten, bei denen man Angst hatte, dass sie gleich beim nächsten Windstoß umkippen könnten. Tornetze gab es nicht. Der Platz lag vor dem Ortseingang und man hatte einen tollen Blick in die Ferne und über die Felder, die vorne und an den Seiten den Bolzplatz einrahmten.

Zum Spielen waren wir in den ersten Jahren noch zu klein, aber wenn am Sonntag Erwachsene spielten, durften wir die Bälle, da es ja keine Netze gab, zurückholen. Ich musste immer sehr weit laufen, um den großen und für mich schweren Ball einzufangen.

Vom hinteren Tor schossen sie meistens direkt auf die Straße, aber keine Sorge, Autos hatten wir nicht. Das linke Tor war nicht so einfach zu bedienen, denn da flog die Lederkugel direkt ins Kornfeld.

In der DDR gab es auch Vereinsfußball und die Älteren sprachen schon mal von den DDR-Vereinen und -Spielern. Sie wollten alle so sein wie Willy Tröger, der war ein Torschützenkönig und spielte in Karl-Marx-Stadt beim DDR Meister 1955. Die Zeit als Kind ging mit schnellen Schritten voran und der Ernst des Lebens lauerte schon in Form einer Schultüte um die Ecke.

Um diesen besonderen Anlass für die Nachwelt festzuhalten, wurde ich ins Bild gesetzt, ganz klassisch im Stehen, die Schultüte in derselben Größe wie ich, in einem topmodernen Anzug mit kurzer Hose und keinem Lachen mehr wie vor drei Jahren. Weiße Kniestrümpfe und Halbschuhe, so wie ich sie auch heute mag, waren von vorn zu sehen. Früher gab es richtige Schultaschen aus Leder mit Riemen, die man auf dem Rücken trug, und beide Riemen lagen über den Schultern und verknitterten immer das beige Polohemd mit Reißverschluss. Heute wäre das Polo hip und trendy. Ich mag das immer noch sehr gerne an mir und es ist durchaus auch nach über sechzig Jahren meine Art, mich leger und modisch zu kleiden. Die Haare blond, der Scheitel war rechts, und um meinen Wirbel genau in der Mitte des Scheitels zähmen zu können, weil mir meine damals noch üppige Haarpracht die Sicht nahm, trug ich eine Haarspange. Der Blick auf dem Foto war ängstlich, irgendwie schien ich zu ahnen, dass bald die unbeschwerte Zeit der Kindheit vorbei sein würde.

Das war nun schon mein zweites Fotoshooting, denn das erste hatte ich schon drei Jahre zuvor. Zu der Zeit war ich noch so winzig, dass meine Großmutter mich auf einen Stuhl stellte.
Da trug ich ein grau kariertes Hemd und kurze Hosen - auch mit Karos. Das sollte später in der Lehre mein Lieblingsmuster werden. Socken bis über die Knie und Schuhe, so wie sie auch heute modern wären, hatte ich an und strahlte der Welt lachend entgegen.

Aufnahme zu meiner Einschulung in der DDR, 1956

Die Einschulung fand im Jahr 1956 statt, so mit allem Drum und Dran, auf Ostniveau, aber mit viel Liebe. Für mich war das wie berühmt zu sein, so mit Tüte, Foto und Feier. Im Dorf gab es ein Kino, einen HO-Laden, einen Dorfteich (wie gesagt sehr gefährlich im Winter), eine Dorfgaststätte, viele Felder drum herum, einen Friedhof, nur eine Hauptstraße, aber keine Schule. Die war zwölf Kilometer entfernt und als Kind konnte man sie nur mit dem Schulbus oder mit der Pferdekutsche erreichen. Alle waren stolz, das blaue Halstuch, das Zeichen der Jungpioniere, zu tragen, aber das hieß auch gleichzeitig, dass der Ernst des Lebens begann und ich der fröhlichen Kindheit Adieu sagen musste. Frech und vorlaut ging von da an gar nicht mehr. Das war nicht gut für mich und irgendwie spürte ich, dass ich es ohne Unterstützung schwer haben würde. Auflehnen war nicht gefragt und war auch am Ende zwecklos. Einmal habe ich es dann doch mal versucht, denn ich dachte: „Mir kann doch keiner was". Es war eine simple Rechenaufgabe, keine Ahnung, was man so im ersten Schuljahr zu lösen hatte. Nehmen wir mal an, es war „Reinhard, wie viel ist 4 und 3?". Klar, ich wusste es nicht, schämte mich aber es zuzugeben und sagte: „Ich weiß es, sage es Ihnen aber nicht." Dafür durfte ich dann die ganzen zwölf Kilometer zurück nach Hause laufen. Das Winken meiner Klassenkameraden in der hinteren Reihe des Busses war noch eine Weile zu sehen, bis er um eine Kurve bog. Irgendwann kam ich dann auch mal an, tränenüberströmt, aber glücklich, dass Oma mich in den Arm nahm und tröstete. Heute ist mir an diesem Beispiel auch klar, dass ich schon von klein auf ein kleiner Revoluzzer war, einen Dickkopf hatte und trotzig sein konnte.

Als ich erst sechs Jahre jung war, im ersten Schuljahr, immer ein wenig kränklich, bekam ich meine ersten beiden schwerwiegenderen Krankheiten und musste ins Wurzener Krankenhaus. Eine Blinddarm-Operation und eine Gelbsucht folgten kurz hintereinander. Im Krankenhaus des Ostens erinnere ich mich noch genau an das Krankenzimmer und den Baum, der direkt vor dem Fenster stand. Er sah aus wie der Kirschbaum zu Hause, trug aber keine Früchte, dafür kräftige

Zweige, sattgrüne Blätter mit braunen Stängeln und vielen Zacken. Wenn es windig war, tanzten die Zweige Walzer und das Blätterrascheln machte die Musik dazu. Leider erinnere ich mich aber auch noch ganz genau daran, dass wir mit dermaßen vielen Jungs in einem Zimmer lagen, dass ich dadurch seitdem panische Angst habe, mit anderen das Zimmer zu teilen.

In der Jugend teilte ich ein Zimmer mit meinem Bruder, bei der Bundeswehr haben wir am Anfang zu sechzehnt auf einer Stube gewohnt. Das änderte sich aber schon nach einem halben Jahr und die letzten dreieinhalb Jahre hatte ich ein Einzelzimmer im Hotel Bundeswehr. Diese Erfahrungen wirken bis heute nach, denn ich bin bis heute einfach nicht in der Lage, mit anderen in einem Raum zu schlafen. Im Krankenhaus werden die heutzutage immer schon verrückt, wenn ich zur Chemo angekündigt bin. Die wissen nämlich ganz genau, wenn es kein Einzelzimmer gibt, „schläft der wieder auf dem Flur". Das wollte keiner riskieren - und so habe ich immer mein Refugium für mich bekommen.

Als meine Oma mich wieder aus dem Kreiskrankenhaus abholte, fuhren wir mit dem Zug zurück nach Hause. Der Lokführer ließ extra für mich das markerschütternde Hupsignal ertönen, bildete ich mir einfach ein. Zweimal im Jahr nahm mich Emma auch nach Leipzig zum Einkaufen mit. Da gab es dann Kleidung für den Enkel, aber das Einfahren mit dem Zug in den Kopfbahnhof, das Signal und der qualmende Schornstein, war immer ein Erlebnis, das mich sprachlos machte. Zugfahren ist eine Leidenschaft für mich geworden und der Zug auch so eine Art mobile Heimat. Es wimmelte von vielen Menschen auf den Bahnsteigen, sodass ich die Hand meiner Großmutter ganz fest drücken musste, damit ich nicht verloren ging in der großen weiten Welt. Auch glaubte ich, dass hier die Welt zu Ende sein musste, da hier alle Züge nicht weiterfahren konnten.

Später in den Siebzigern habe ich meine Großmutter sehr enttäuscht. Das muss ihr furchtbar wehgetan haben und noch heute, jetzt immer mehr, wenn ich daran denke, kommen mir die Tränen. Apropos Tränen, ich bin ganz nah am Wasser gebaut, und mit der Krebskrankheit bin ich noch anfälliger geworden für Dinge, die mich berühren, begleiten oder in meiner Vergangenheit liegen. Viele Jahre später traute ich mich zum ersten Mal wieder zurück nach Meltewitz, um das Grab meiner Oma zu besuchen und sie um Verzeihung zu bitten. Die Grabstätte gab es nicht mehr, denn irgendwann erlischt das Recht auf die letzte Ruhe. Hier waren es fünfundzwanzig Jahre, die ich zu spät kommen sollte. Sie war ein Jahrhundertmädchen mit zwei erlebten Kriegen. Heute würde ich sie Löcher in den Bauch fragen: „Wie war Dein Leben vor, während und nach den Kriegen? Wie war das mit mir? Wie war Eure Zeit als junge Mädchen? Woher oder aus welcher Generation kommt meine Vorliebe für die Musik? Wann und wie musstet ihr flüchten? Wie war meine Mutter als Teenager und wo und wie habt ihr eigentlich gelebt?" Als noch Zeit war, sie all das zu fragen, hatte ich keinen Mut ihr in die Augen zu sehen, so sehr habe ich mich geschämt. Ich hatte eine Scheißangst, sodass ich keinen Brief mehr geöffnet habe, am Telefon nicht mit ihr sprechen wollte und sie auch nicht besucht habe. Das wäre möglich gewesen vom Westen nach dem Osten - und meine Oma als Rentnerin hätte mich ohnehin jederzeit besuchen dürfen. All diese Möglichkeiten habe ich verstreichen lassen, denn die Scham über die traurige Tatsache, dass ich nicht bereit war, für meine Frau und meine Tochter da zu sein, war zu groß. Dafür wird es auch Gründe - keine Entschuldigungen - geben, die sicher auch etwas mit

großer Bindungsangst durch Erfahrungen in meiner Vergangenheit zu tun gehabt haben. Man sollte einfach nicht vergessen, dass mich in dieser jungen Zeit meines Lebens noch ein paar Menschen mehr begleitet und geprägt haben und an meiner Entwicklung beteiligt waren.
Ich hätte all meinen Mut zusammennehmen sollen ihr von Angesicht zu Angesicht gegenüber zu stehen und ihr zu sagen, dass es sehr egoistisch war, nur an mich zu denken, aber ich damals einfach nicht anders konnte. Weil ich das nie tat, war sie sicher sehr enttäuscht von mir. Mir tut das heute noch weh, wenn ich an die vielen Briefe von ihr denke, die ich vor lauter Scham und Angst nie geöffnet habe und die nie wieder auftauchen werden.

Entschuldigung, liebe Oma. Vielleicht komme ich auch einmal in den Himmel und sehe Dich wieder, dann werde ich Dich lange in meinen Armen halten und mich geborgen fühlen wie damals in Meltewitz. Für dieses Ziel werde ich mich ganz doll anstrengen!
Auf bald, liebe Emma.

Übergang in meine zweite Heimat

Der deutsch-deutsche Grenzort, an dem unser Zug hielt, hieß Bebra. Der weiße Rauch der Dampflok hüllte die Waggons ein, als wären die Wolken vom Himmel gefallen, und wollten verhindern, dass ich Abschied nehmen musste von meiner Kindheit und einem ganz lieben Menschen. Nein, meine Großmutter lebte, aber noch gab es keine Mauer und man musste sich wohl entscheiden: Bleibt der Junge in der DDR oder kommt er wieder zurück in die Familie, die für ihn damals fremd war? Meine Oma hatte mich bis dorthin begleitet und sollte mich meinen Eltern übergeben. Die Tränen des Abschiedes spüre ich heute noch auf meinen Wangen. Vor dem Bahnhofsgebäude wartete schon der Brezelkäfer Typ VW 1, olivgrün, der zur Weiterfahrt abfahrbereit war, aber ich wollte nicht einsteigen und lief wie beim Spiel „Fang mich doch" um den VW herum. Aber das war kein Spiel, und auf Dauer hatte ich keine Chance dem Einsteigen zu entgehen. Meine Oma winkte mir noch lange hinterher, und ich spürte ihre Tränen. Wiedergesehen haben wir uns von da an immer nur in den Sommerferien.

Abreise in die zweite Heimat

Es war ein warmer Sommer 1957 und das erste, was ich im Radio hörte, war „**Heimatlos**" von Freddy und der Text ging in etwa so: „Heimatlos sind viele auf der Welt, heimatlos und einsam wie ich und keine Freunde, keine Liebe, wie es früher, früher einmal war." So fühlte auch ich mich. Die Stadt war neu für mich und das Leben auf dem Hof war nun vorbei. Vieles bleibt unvergessen, so wie die Sommer auf dem Land. Sie waren der Knaller, immer Sonne, immer warm, oder war es nur ein Trugschluss? Regen, ja wie hat sich der denn dann angefühlt? Später, als ich die Natur wahrgenommen habe, war ich richtig verliebt in Regen, in Sturm und Schnee sowieso. Typisch für Glückskinder, alles als sonnig zu erinnern, oder vielleicht auch nicht?

Sieben Jahre lang war ich in der Idylle einer sorglosen Kindheit, während meine Geschwister, ein Bruder und drei Schwestern, im Westen lebten und immer mal wieder umziehen mussten. Mein Vater war Berufssoldat und ließ sich, ähnlich wie ich später, nichts gefallen und musste wohl das ein oder andere Mal den Standort verlassen. Zurück blieb ein Vorgesetzter mit einem blauen Auge und verbrannte Erde. Das sollte mir später auch genauso passieren. Ersetze lediglich Vorgesetzter mit Frau und blaues Auge mit verletzter Seele.

Meine Eltern sind schon tot und zu meinen anderen drei Geschwistern habe ich keinen Kontakt mehr. Nicht, dass sie nicht mehr lebten, ausgewandert wären oder spurlos verschwunden sind. Nein, wir haben einfach keinen Kontakt mehr - und das seit Jahrzehnten. Es ist bezeichnend für den Grad der Zerrissenheit unserer Familie, dass jeder oder jede, so früh es halt ging, seinen eigenen Weg weg von den Eltern und den anderen Geschwistern gefunden hat. Habe ich mich gerade verzählt? Ja, tatsächlich gibt es noch eine Schwester, mit der ich bis zum heutigen Tag ein mehr als tolles geschwisterliches Verhältnis habe, das wir auch pflegen. Sie heißt Irmtraud und sie wollte in den späteren Jahren immer mal wieder versuchen zu kitten, was nicht zu kitten war. War es zum großen Teil mein Verhalten in den frühen Sechzigerjahren, das zum Zerwürfnis nicht nur mit den drei anderen Geschwistern, sondern auch mit meinen Eltern führte? Wahrscheinlich. Schaue ich voraus, was sonst so in meinem späteren Leben passierte, bin ich sicher, dass ich nicht immer ohne Fehl und Tadel war. Oder lag es vielleicht daran, dass ich als Kind in meine fremde Familie kam? Klar kannten wir uns aus den Besuchen in den Ferien, aber ich kannte ja nicht den Alltag in einer Familie in der Stadt. Das war total ungewohnt.

Wir wohnten in einer Bundeswehrsiedlung in der Universitätsstadt Marburg. Mein Vater, Jahrgang 1921, hatte sich mit Beginn der Wiederbewaffnung zur Bundeswehr gemeldet und war jetzt Berufssoldat. Die Tannenbergkaserne, hoch oben im Wald, war seine berufliche Heimat für lange Zeit. Die ungewisse Zeit für meine Eltern war vorbei und es gab wieder Platz für alle. Da war noch meine Mutter, geboren 1924, Hausfrau, und wir fünf Kinder. Weshalb wir jetzt zu fünft waren, dazu komme ich gleich noch. Meine Eltern hatten einen Krieg er- und überlebt, der Vater als Soldat und meine Mutter war sicher Mitglied im Bund deutscher Mädels gewesen. Eine Wahl hatten beide wohl nicht, oder?
Beide waren durch die Kriegserfahrung sehr belastet, und die dadurch vorprogrammierten Schwierigkeiten im täglichen Leben waren wohl nicht zu verhindern. Das Wissen über das Leben der Eltern, die Zustände im Krieg und das Soldatentrauma meines Vaters hätte mir sicher geholfen, sie besser zu verstehen.

Die Bundeswehrsiedlung, in der wir lebten, war neu. Es gab eine Küche, ein Wohnzimmer, einen Balkon und ein Bad. Gebadet wurde aber nur am Samstag und nachdem alle damit durch waren, wurde ein und dasselbe Badewasser für die Bettwäsche zum Einweichen benutzt. Das war halt so. Elternschlafzimmer und zwei Kinderzimmer waren auch noch da. In einem dieser Zimmer waren mein jüngerer Bruder Klaus-Dieter und ich untergebracht, in dem anderen meine beiden großen Schwestern Irmtraud und Karin. Meine Schwester Karin, das nehme ich mal vorweg, war die Älteste und entzog sich frühzeitig dem militärisch dominierten Familienleben. Es gab noch einen Keller mit kalten Backsteinwänden und Holztüren. Hier gab es immer mal wieder Dresche, wenn es sein musste, mit einer Fahrradkette. Klaus Hofmann, Berliner Sänger, hat mal ein Lied über seine Kindheit geschrieben: „**Hinter diesen Türen lernte ich verlieren**". - Ich lernte hinter dieser Kellertür zu verlieren, dort habe ich verlieren gelernt.

Aber noch mal einen Schritt zurück. Als ich das erste Mal die Wohnung betrat, der Eingang war oben links, rechts ging es zu den Nachbarn, wurde ich sofort ins elterliche Schlafzimmer geführt. So standen wir alle im Schlafzimmer um ein Babybett herum, in dem ein kleines süßes Mädchen, besser gesagt, eine Nachzüglerin namens Iris, lag. Sie war noch nicht so lange auf der Welt, sollte aber das Nesthäkchen werden und hatte eindeutig die besseren Voraussetzungen für ihr weiteres Leben. Das ist aber sicher überall so, wenn Eltern sehr spät noch einmal Kinder in die Welt setzen, dann wird es für die Erstgeborenen ganz bitter.
Das wusste ich damals natürlich noch nicht, aber im Laufe der Zeit spürten wir das, flächendeckend durch die Reihe der Orgelpfeifen. Ja, man musste auch schon mal in Reih und Glied

antreten, aber nur bei wirklich schlimmen Dingen, wie die Fransen vom Teppich waren nicht gekämmt oder irgendeiner hatte gekrümelt, wo auch immer! Kämmen war Pflicht und „Aber ich war das nicht" zu sagen, wurde schon im Keim erstickt. Da kam es schon mal vor, dass man ordentlich Senge bekam für etwas, was man gar nicht verursacht hatte. Das glich sich aber mit der Zeit untereinander aus und somit nahmen wir es halt hin.

Meine Geschwister und ich, 1957/58

Heute, nachdem man wirklich genau weiß, wie grausam der Krieg war und was er aus den Menschen machte und immer noch macht, sieht man vieles anders. Mein Vater war ja mittendrin, verwundet an Leib und Seele, und das war zur damaligen Zeit nicht mehr zu reparieren. Diejenigen, die das Glück hatten zurückzukehren, kann man nicht mehr an ihrem Verhalten messen. Das wäre ungerecht und ich habe das wahrscheinlich leider zu lange getan. Wenn er heute noch leben würde, wie gerne würde ich ihn einfach nur so ganz ohne Worte in den Arm nehmen. Damals hatte ich einfach nur Schiss vor ihm und seiner treffenden Hand und es kann gut sein, nein, ich bin mir absolut sicher, dass ich, anstatt mich zu wehren, eine unterwürfige Haltung eingenommen habe und ich daher jahrzehntelang „allen", die mit mir zu tun hatten, durch eine extreme devote Haltung aufgefallen sein muss. Ich fühlte mich immer schuldig, so wie manch anderer Mensch, dem Unrecht geschieht. Heute verstehe ich gut, wenn sich Menschen, denen ohne ihr Zutun Schlechtes widerfährt, schämen.

Schämen

Mein Kindsein im Westen

Vom Balkon unserer Wohnung aus, wir waren die Letzten im fünften Stock der Nummer 10, konnte man weit sehen. Gegenüber, ein paar Kilometer weit entfernt im Nachbarort, leuchteten am Abend die Häuser, die wie in einem Modell eines Architekten sorgfältig aufgereiht waren und viele Menschen beherbergten. Die Lichter der Sechzigerjahre, die zu uns herüberdrangen, waren milchiger als die heutigen, aber der Sternenhimmel war hell und zum Greifen nahe. Zwischen den Lichtern und unserem Balkon befand sich eine Wiese mit Wäschestangen, die wie Fußballtore aussahen, und der berühmte Sandkasten. Tagsüber schien manchmal die Sonne auf die Häuser, die Fenster sendeten uns Lichtreflexe herüber und wenn es regnete, glänzten die roten Dachziegel unter dem Regen.

Da musste ich also jetzt jeden Morgen zur Schule hin - und zwar von Montag bis Samstag. Wie es damals so üblich war: nicht mit dem Auto und den Eltern, sondern allein und zu Fuß. Statt bisher zwölf Kilometer mit dem Bus im Osten waren es jetzt nur noch drei zu Fuß im Westen. Wenn man aus dem Haus ging, musste man um den grauen Block herum, rechts abbiegen, und ein morscher Steg führte über einen Bach, an den Schrebergärten vorbei und hoch auf die Hermannstraße. Dann ging es nur noch geradeaus bis zur Ortsmitte des kleinen Dorfes, dessen Lichter mich als Kind so fasziniert haben. Als ich älter war und auch an verschiedenen Orten lebte, suchte ich nach den Lichtern oder den Lichtreflexen in der Ferne. Als das Licht in den Städten dann in den nächsten Jahren immer mehr wurde, war aber der Sternenhimmel fast nicht mehr zu sehen. Es waren wahrscheinlich 'verliebte Jungs', die ihren Mädchen die Sterne vom Himmel geholt hatten, sie aber nicht wieder zurückgegeben haben, als die Liebe verglühte.

Die Schule des Volkes lag also tatsächlich in der Mitte des Dorfes O., hatte nur vier Klassenräume und thronte zwölf Meter über der Hauptstraße auf einer kleinen Anhöhe. Sie war links und rechts umgeben von Bauernhöfen und wurde 1860 wohl für die damalige Dorfjugend gebaut.

Ich und die Dorfschule in heutiger Zeit, 2015

Als ich dort zum ersten Mal die vierzehn Stufen zur Eingangstür hinaufging, drehte ich mich noch einmal um und sah erst jetzt die große Stileiche mit der Bank um den Baum herum. Das gab mir ein Gefühl der Geborgenheit und in meinen Träumen sitze ich oft auf der Rundbank und schaue den Kindern und meinen Geschwistern in der Pause beim Spielen zu.

Wie immer suchte ich mir in meiner Klasse einen Platz ganz hinten. Mein Lieblingsfach war Erdkunde. Noch heute schwärme ich für den Taunus, den Edersee und all die anderen Landschaften meines geliebten Hessens. Hessen riecht für mich anders als andere Bundesländer. Zum Edersee, dem riesigen Stausee mitten im Hessenland, kam ich dank einer Klassenfahrt. Ich war erst acht oder neun Jahre alt und beeindruckt von der mächtigen Mauer mit dem großen See. Unsere Zimmer waren belegt mit bis zu sechs Jungen, aber wir hatten einen famosen Blick direkt auf die Staumauer, waren direkt am See zum Baden und die vielen Bäume um die Jugendherberge herum gaben uns Schatten, denn es war Hochsommer und wieder einmal heiß. Denke ich heute an diese Fahrt zurück, bleibt mir besonders der Geschmack meiner mitgebrachten Brote, die meine Mutter mit meiner Lieblingsteewurst bestrichen hatte, in Erinnerung. Die Butterbrote aß ich am ersten Abend mit Genuss auf, während die anderen Jungs und Mädchen Erbsensuppe mit Würstchen essen mussten. Das sollten unbeschwerte Tage werden mit viel Unsinn und Schülerstreichen und mitunter kam es auch zu einem ersten schüchternen Anbandeln. Die Klassenlehrerin Fräulein Hermann war schon über vierzig, Haare schwarz und streng nach hinten gekämmt. Wenn jetzt alle denken, es kommt noch die Brille, dann haben sie sich aber geirrt. Sie trug immer Strickwesten ohne Kragen, so wie die Kleidung der Beatles einige Jahre später. Sie war sehr beliebt bei uns und den ganzen Tag über hallte es aus irgendeiner Ecke „Fräulein Hermann, Fräulein Hermann, wir brauchen Hilfe. Fräulein Hermann, Fräulein Hermann, können Sie mal bitte zu uns kommen. Fräulein Hermann, Fräulein Hermann, die doofen Jungs ärgern uns."

Als wir zurückkamen, mussten wir wie immer einen Aufsatz über unsere Klassenfahrt schreiben. Die Aufsätze begannen meist mit dem Beschreiben der Fahrt. In unserem Fall ging das in etwa so: „Die Fahrt begann direkt vor der Schule, wir fuhren mit einem

Mercedes Benz Omnibus, der beige und rot bemalt war. Die Sitze waren aus Leder und er hatte riesige Fensterscheiben. Wenn man nach oben blickte, konnte man den Himmel sehen, da wo der liebe Gott wohnt. Wir kamen durch Orte und Dörfer, deren Namen ich noch nie gehört habe. Links und rechts gab es viele Einfahrten von Bauernhöfen und ich bekam Sehnsucht nach meiner alten Heimat. Gegen Mittag kamen wir unter großem Jubel und Geschrei in der Jugendherberge am Edersee an. Jeden Morgen versammelten wir uns um 8 Uhr im gleichen Raum zum Frühstück, das aus einem Brötchen, Margarine, Brot, Käse, Marmelade und Kakao bestand. Mittags bekamen wir Eintöpfe mit Bockwurst. Das Programm tagsüber war eine Mischung aus Wandern, Sport und Lernen. Mich faszinierte, dass unter dem Wasser des Sees noch eine Kirche und viele Häuser standen. Wir lernten, dass die Tommys die Staumauer im letzten Weltkrieg zerbombt hatten, was für die Menschen, die dort lebten, eine große Katastrophe war." Auf der Fahrt zurück waren wir stiller als sonst und uns wurde klar, dass wir einen weiteren Schritt in unserem Leben geschafft hatten.

Nach den nächsten Ferien, als die Schule wieder begann, war Fräulein Hermann leider nicht mehr unsere Klassenlehrerin, sondern unterrichtete nun die Mädchen. Unser neuer Pauker hieß Pilz. Er war ein Verfechter von Zucht und Ordnung und wenn es nicht anders ging, auch mal von Schlägen. Es kam schon häufiger vor, dass ich nicht aufpasste, träumte oder mal wieder mit meinem Nachbarn links oder rechts in der letzten Reihe herumalberte. Dann rauschte immer unverhofft der Schlüsselbund vom Klassenlehrer an meinem Kopf vorbei. Die Schlüssel steckten in einem Lederetui, es war braun und sehr schwer. Er wusste sich wohl anders nicht zu helfen, aber das hätte auch leicht ins Auge gehen können.

Es war für uns alle keine Freude mit den autoritären Lehrern, aber das führte dazu, dass wir stärker zusammenhalten mussten, und auf die Frage: „Wer war das?", schüttelten wir nur den Kopf. Wir kannten zwar das Wort Solidarität noch nicht, aber wir lernten füreinander einzustehen. Das war auch in anderen Lebenslagen für uns überlebenswichtig, denn wir Kinder gehörten gefühlt von Geburt an zu den Besitztümern der Eltern und waren ohne irgendwelche Rechte den Erwachsenen gegenüber. Wir hatten als Kinder keine speziellen Freiräume, in denen wir uns zu eigenständigen Individuen entwickeln konnten. Wir waren in unseren Lebensabschnitten wie Schule, Ausbildung oder Beruf von den Vorstellungen unserer Eltern abhängig und mussten uns dem Familienoberhaupt, also ich meinem Vater, bedingungslos unterordnen. Das änderte sich erst langsam in den Siebzigerjahren, mit Beginn der antiautoritären Erziehung, die nicht nur mich bewegte. Es kamen damals auch die Kinderrechte in die Diskussion, nicht nur in der Öffentlichkeit, sondern auch in den Familien. Einige Zeit später durften die Lehrer in der Bundesrepublik nicht mehr schlagen und ein Jahrzehnt später konnten die Eltern auch nicht mehr so, wie sie eigentlich gerne gewollt hätten.

Mein Vater pflegte immer zu sagen: „Das war aber bei allen Eltern so, mir hat das früher auch nicht geschadet, so ein paar Ohrfeigen." Ja, wenn es nur Ohrfeigen gewesen wären. Da ich aber keine Rechte als Kind hatte, was man bis zum 21 Lebensjahr war, konnte ich ihm ja nicht sagen: „Man sieht ja, wie es geholfen hat!"

Manchmal war uns Kindern dann doch das Gesetz egal und wir türmten geschlossen vor der elterlichen Gewalt. Dabei stürmten wir mit lautem Getöse aus dem fünften Stock, die Treppen herunter und dem Ausgang entgegen. Der Vater war uns aber immer ganz schnell auf den Fersen und in der Angst und Aufregung kam es schon mal vor, dass Irmtraud sich an dem Laternenpfahl eine Megabeule abholte oder wir einfach übereinander stürzten. Also, so clever wie Richard Kimble waren wir halt nicht und egal wann, wie, wo - wir wurden immer wieder von den Eltern eingefangen. Nie werde ich vergessen, dass nach einem unserer Ausflüge das Abendbrot ersatzlos von meinem Vater gestrichen wurde. Kinder haben aber Hunger, besonders wenn sie vor Angst laufend aus dem Haus geflüchtet waren. Meine Mutter ließ das nicht zu und reichte uns heimlich jedem eine doppelte „Bemme" mit zwei dicken Scheiben Käse belegt. Noch heute geht kein Abend ohne ein Brot, dick mit Gouda belegt. Natürlich mittelalt.

Übrigens gibt es auch einen Weltkindertag, der ist immer im November eines jeden Jahres. Es gibt ihn erst seit 1989 und wir in Deutschland haben einen eigenen Tag des Kindes im September. Das Lernen fiel mir als Kind schwer. Besonders etwas auswendig zu lernen oder mit Zahlen spielerisch umzugehen, fiel mir nicht leicht. Auch der niedliche Rechenschieber mit den bunten Kugeln konnte daran nicht wirklich was ändern. Zahlen habe ich gern mal ganz unbewusst verdreht, was mir auch heute noch als Erwachsener schnell passieren kann. Vor einiger Zeit, ich war also schon groß, habe ich in einem Jahr mal den 30.06. mit dem 30.09. verwechselt. Dummerweise war es der Geburtstag meiner Lebensgefährtin Sandra. Sorry dafür! Seitdem ist dieses Datum immer fett in meinem Kalender markiert.
Ob ich faul war oder nur etwas bequem? Das weiß ich nicht mehr so genau. Fleißig war ich aber sicher nicht und meine Handschrift bekam später im Abschlusszeugnis das Prädikat ´ungenügend´. Was ich aber sicher weiß ist, dass ich so ein typischer Tagträumer

war und vielleicht etwas Unterstützung gebraucht hätte, so eine Art positiven Anschub! Ein Spätzünder war ich aber mit Sicherheit, denn es brauchte immer seine Zeit, bis ich auf der Höhe der selbigen war. Deshalb war ich auch nie dabei, wenn die Verlosung der freien Plätze für weiterführende Schulen stattfand. Heute würde man sagen: Er lernte langsam, aber dann sicher.

Die wichtigere Schule des Lebens fand aber für mich außerhalb der Schulmauern in unserer Siedlung statt. Die Straße, in der wir wohnten, hatte die Form einer Banane und wir wohnten am krummen Bauch. Hier war auch das Zentrum und jeweils links und rechts am Ende der Banane ging es auf eine Hauptstraße. Am Bauch war unser Treffpunkt und immer Action. Alles wirkte neu und sauber in der Siedlung, aber alles war auch gleich aussehend. Das lag wohl daran, dass noch keine Bäume und Hecken gewachsen waren, dafür gab es die Wohnblöcke noch nicht lang genug. Wenn man heute mal durchfährt, ist alles voller Grün und zugewachsen, der Rasen „tippi toppi" gemäht und die Mülleimer verstecken sich stinkfrei in einer neutralen Box. Der Sechziger-Look der Straßenlaterne wurde durch eine moderne LED-Lampe ausgetauscht.

Von unserer Wohnung konnte man direkt auf die Straße schauen. Da hier nur Berufssoldaten mit ihren Familien wohnten, war man morgens und abends überall umgeben von Bundeswehrjeeps, Uniformen und Kampfanzügen. Regelmäßig am Samstag wurden die Autos von ihren Besitzern direkt auf der Straße gewaschen und die Straße war voller Schaum - heute unvorstellbar. Aber wenn das halbe Wochenende vorüber war, gehörten von Montag bis Freitag der Nachmittag und die Straße uns. Nach dem Essen ging es sofort runter und wir trafen uns alle zu irgendeinem Zeitvertreib. Dann machten wir den Schwanhof bunt und lebendig und waren erst zum Essen am Abend pünktlich wieder zu Hause. Manchmal vergaßen wir auch mal die "Zuhause-sein-müssen-Zeit". Auf der Straße spielen war noch kein Problem, denn tagsüber fuhr in unserer Straße selten ein Auto, zumindest bis zum Feierabend der vielen Soldaten. Sobald die Straße uns gehörte, malten wir zum Beispiel mit Kreide, die wir in der Schule stibitzt hatten, bunte Kästchen auf den Asphalt, um Himmel und Hölle zu spielen. Ein anderes Spiel hieß Hinkepott und der legendäre Gummi Twist war beliebt, aber eher eine Domäne der Mädels. Es gab auch gemischte Teams, aber das war selten. Den Namen verdankt das Spiel übrigens dem Modetanz Twist und dem 61er Hit von Chubby Checker **„Let´s Twist again"**. Wenn er mal im Radio zu hören war, fing das so an: „Come on everybody! Clap your hands!"

Im Winter war es genau wie heute, das Spielen auf der Straße war selten. Da wurde gerodelt, denn hinter unserem Haus gab es eine Menge Hügel mit halsbrecherischen Abfahrten. Der Schneemann vor dem Block mit der Nummer 10 war legendär. Mit viel Mühe wurden die drei dicken Schneekugeln, die für einen richtigen Schneemann zum übereinander bauen wichtig waren, von uns Jungs mit einer Menge Schweiß zusammengerollt. Mit viel Fantasie fingen die Mädchen danach an, die Figur zu verkleiden. Einem alten Zylinder wurde noch ein rotes Band verpasst, das wir aus dem Nähkästchen unserer Mutter geholt hatten. Jetzt sah er schon fast wie ein Zirkusdirektor aus und die rote Nase war keine Mohrrübe, sondern ein bemaltes rundes Holzstück. Eine übergroße Fliege aus Samt, auch wieder von der Mutter, große schwarze Mantelknöpfe, diesmal vom Vater, und Tannenzweige in den gedachten Armen machten unseren Schneemann komplett.

Jeden Morgen nach dem Aufwachen schauten wir bang aus dem Fenster, ob unser Kunstwerk noch da war, wenn der Frühling vor der Tür stand. Dann lagen Hut, Nase, Fliege, Knöpfe und Zweige am Boden und die Wärme hatte schon Löcher in den Schnee gezeichnet.

Früh im Monat Mai, meinem Geburtstagsmonat, begann wieder die Zeit mit Spielen im Freien. Es begann auch die Zeit des Murmelspielens vor dem Haus, in der Schule in den Pausen, oder wo auch immer. Wir holten unsere Leinensäckchen mit den bunten Glaskugeln aus unserem Versteck hervor, denn sie waren wertvoll und begehrt. Sie sahen toll aus, glänzten durch ihr Glas um die Wette und man besaß alle Farben der Welt. Mit den Murmeln begann für mich auch die Leidenschaft für das Sammeln. Es gab so viele verschiedene Murmeln. Große, kleine, durchsichtige mit einem geschwungenen Farbspiel in der Mitte, feuerrote und auch wunderschöne nachtblaue. Um ein Sortiment der Schönsten zusammenzubekommen, wurden immer mal wieder neue Kugeln für wenige Pfennige nachgekauft, aber auch der Schwarzmarkt unter uns Kindern blühte und es wurde getauscht und gehandelt was das Zeug hielt, um am Ende mit der schönsten Sammlung glänzen zu können. Natürlich ging es auch um mehr, nämlich ums Gewinnen. Das Rollen mit der Kugel und das Treffen in eine Vertiefung oder auf ein Ziel erforderte nicht nur viel Geschick, sondern auch eine Menge Glück und bedeutete nicht zuletzt auch wieder eine neue Perle im Beutel.

Keiner konnte überprüfen, wo wir uns am Nachmittag rumtrieben, denn es gab noch kein Handy. Wir hatten auch oft kleine Raufereien und Wunden, meist aber nur Schürfwunden. Das aber störte keinen und es wurde auch hier nicht gepetzt. Wir bauten Seifenkisten, spielten Fußball und gingen regelmäßig auf Klingeljagd. Es war nicht langweilig, denn wir waren glücklich. Schon wieder, trotz des militärischen Drills zu Hause, fühlte ich mich als Glückskind. Irgendwie fand das schöne Leben immer am Nachmittag statt. So wechselten sich einige Sommer und Winter ab.

Meine frühe Jugend und die Liebe zum Sport

Diese Zeit des langsamen Älterwerdens Anfang der Sechziger, des Verwandelns vom Kind zum Jugendlichen, machte aus uns kleine Erwachsene. Wir lasen die *Bravo*, ich fieberte jede Woche der „Musicbox", die auf der vorletzten Seite abgedruckt war, entgegen. Wer war Nummer eins, zwei oder drei? Ich war jetzt schon elf Jahre alt, süchtig nach Musik, und auf den ersten drei Plätzen lagen 1961 Elvis mit „**Wooden Heart**", Ramona mit den „**Blue Diamonds**" und Connie Francis mit „**Schöner fremder Mann**". Ein paar Monate später war Mina mit „**Heißer Sand**" 13 Wochen lang die Nummer eins in Deutschland und drei Jahre später waren die Beatles da. Sie hingen im Kaufhaus Ahrens als Platte von der Decke, der *Bravo*-Starschnitt wurde gesammelt, und sie waren fast jede Woche auf dem Titelbild der *Bravo*.

Wir fingen an zu rauchen, verdrückten eine Menge Süßigkeiten und kauften neben der *Bravo* auch noch Comics. Das waren in den ersten Jahren die Hefte mit den Abenteuern von Donald Duck, der eigentlich Donald Fauntleroy Duck heißt, Micky Maus und den Neffen Tick, Trick und Track. Dagobert Duck war kein Liebling für mich, der Geizhals. Später bereute ich das, denn „Spare in der Zeit, dann hast Du in der Not" wird mir mein Vater Jahrzehnte später handschriftlich in sein Testament schreiben.

Um zur Clique dazu zu gehören und überhaupt im geheimen Kellerraum Zutritt zu finden, musste man rauchen. Alle rauchten, die Eltern und jeder, den man sah, traf oder besuchte. Sogar in der Fernsehsendung des legendären „Internationalen Frühschoppens mit Werner Höfer", jeden Sonntag, vor dem Mittagessen, war vor lauter Qualm keiner der sechs Journalisten aus fünf Ländern zu sehen. Man hörte sie aber über Politik sprechen und sich mit einem Glas Weißwein zuprosten. Am Schluss, wenn alle Fragen beantwortet waren, gab es endlich Mittagessen. Das war Ritual - und auch Rituale bedeuten mir etwas. In der Woche beglückte uns Bruno, das *HB*-Männchen, jeden Abend vor der Tagesschau mit seinen tollen Alltagsgeschichten. Seine dazu gehörenden Wutausbrüche in einer unbekannten Sprache waren lustig. Später erfuhr ich, dass es sich bei der Sprache um Arabisch handelte. Diese wurde rückwärts mit doppelter oder bei gesteigerter Aufregung mit höherer Geschwindigkeit abgespielt. Der Wutanfall wurde stärker und Bruno ging buchstäblich in die Luft. Da sprach eine sanfte Stimme zu Bruno: „Halt, mein Freund! Wer wird denn gleich in die Luft gehen? Greife lieber zur *HB*!". Spätestens als Bruno von der Stimme gesagt bekam „Dann geht alles wie von selbst", tappten auch wir blindlings in die Falle.

Über die Folgen des Rauchens in späteren Jahren wurden wir sicher auch aufgeklärt, aber das erfolgte erst zu einem späteren Zeitpunkt und da war es schon zu spät – oder die Sucht war zu stark. Ohne Liebe, Wärme und Geborgenheit entstehen Abhängigkeiten und Sucht. Das ging vielen in der „Schwanhof Nummer 10-Clique" so oder ähnlich. Außerdem dachten wir naiverweise, das gehöre zum Erwachsen sein dazu. Weit gefehlt. Vor zwei Jahren habe ich nun die Quittung Lungenkrebs dafür erhalten und jetzt kämpfe ich mit allen Mitteln für noch eine Weile Leben. So rauchten wir also ohne Sorgen *Peter Stuyvesant, HB, Ernte 23*, manchmal sogar *Overstolz*, je nach Geschmack. Das kostete schon einige Groschen und Märker. Die *Bravo* kaufte ich mir einmal pro Woche, Zigaretten und Süßigkeiten kamen noch obendrauf. Das war mehr Geld, als man hatte und später kam auch noch die aktuelle *Illustrierte Filmbühne* dazu. Natürlich gab es auch Taschengeld, aber das reichte nicht. Also musste man sich noch eine neue Geldquelle organisieren, um ein Auskommen mit seinem Einkommen zu haben. Die Angebote waren knapp, aber neben der Siedlung, hoch hinauf auf einer Wiese und durch eine Tür hindurch lag ein anderes Paradies!

Das Tor in eine andere Welt war eine grüne Maschendrahttür. Sie war nicht verschlossen. Das weiße Türschild war mit Draht befestigt und auf dem stand „Zutritt nur für Mitglieder". Hinter der Tür lagen, terrassenförmig angelegt, die Tennisplätze des einzigen Marburger Tennisclubs. Zwei Plätze konnte man direkt vom Zaun aus sehen. Als ich mich traute, die Tür zu öffnen, und hineinging, führte mich ein schmaler Kiesweg direkt nach unten zu einer Villa, die natürlich das Clubhaus war. Unten angelangt, konnte ich weitere zwei Plätze sehen und dahinter lagen noch einmal vier. Es hatte kurz vorher geregnet und die ersten Sonnenstrahlen trockneten die rote Asche. Einige Stellen waren schon hell und andere noch dunkelrot. Als ich das Clubhaus erreichte, sah ich eine Terrasse und direkt nebenan war eine geteerte Fläche, wo sich die Ballwand befand, an der man auch ohne Partner üben oder sich warmspielen konnte. Als wir Ballkinder waren, durften wir immer in der Mittagszeit spielen. Wir bekamen ausgediente Holzschläger, teilweise mit gerissenen Saiten und viel zu dicken Griffen. Meiner hieß *Dunlop Maxply* und war schwer wie ein Koffer, zumindest damals. Durch mein Eintreten kam ich, ohne es zu bemerken, in eine neue Welt, die der Schönen und Reichen. Das ist doch Glück, oder? Neue Welten zu kennen, heißt aber auch, andere hinter sich zu lassen. Später traf ich dann natürlich auch hautnah auf die großen Marburger Dynastien. Sie fuhren große Autos, viele mit einem Stern auf der Kühlerhaube und die meisten hatten im Sommer gar kein Dach. Ihre Kinder, die meisten waren so um die vierzehn oder etwas älter, trugen diese unfassbar schlichte, aber sehr elegante Tenniskleidung mit dem Lorbeerkranz. Ihre neuen *Dunlop Maxply*-Schläger waren natürlich aus Holz, mit einer empfindlichen Rinderdarmsaite bespannt und steckten nach dem Spielen meist in einer roten Stoffhülle, auf der der Name *Dunlop* zu lesen war. Jetzt mache ich die Schleichwerbung perfekt und füge noch die Ledertennisschuhe der Firma *Romika* hinzu, die die meisten trugen.

Den Mut, durch eben diese Tür gegangen zu sein, sollte später großen Einfluss auf mein berufliches Leben haben. Meine Liebe zum Tennissport wies mir die Richtung, so wie man das bei einem angeschnittenen Aufschlag versuchen sollte, wenn man Erfolg haben wollte. „Hallo, suchst Du was? Kann ich Dir helfen?", rief mir Ruth Köhler fragend zu. Frau Köhler kümmerte sich um den Nachwuchs des Vereins, des TC Marburg. Sie mochte Kinder und Jugendliche und machte auch keine Unterschiede, woher man kam oder zu wem man gehörte. Später half sie mir sogar dabei, dass auch ich im Club Tennis spielen konnte, obwohl es für mich als Bürger finanziell nicht möglich war. Eigentlich brauchte man neben dem Jahresbeitrag und der Aufnahmegebühr zusätzlich noch zwei Bürgen, aber woher nehmen, wenn nicht stehlen. Glückskinder schaffen das. Wieder Glück gehabt und „Danke" an Frau Dr. Köhler. „Ja" antwortete ich artig auf ihre Frage und wurde noch mal mutig, „Habe gelesen, dass der Verein Kinder sucht, die am Nachmittag Bälle sammeln können" schob ich gleich hinterher. „Ja, das geht und Du kannst gleich mal auf einen Platz gehen, Bälle einsammeln und schauen, ob es Dir auch Spaß macht".

Der Trainer war braun gebrannt, trug eine lange weiße Hose und einen Pullover mit Zopfmuster und schwarz-roten Streifen um den V-Kragen herum. So stand er also vor mir und seine imposante Erscheinung ließ mich mal wieder erzittern. Das passierte mir immer, wenn ich sogenannten Respektspersonen gegenüberstand. Er war der Tennislehrer des Marburger TC und hatte mitten in der Stadt noch ein Sportgeschäft, war ein sehr guter Tennisspieler, mehrmaliger Hessenmeister im Einzel und ein Doppel-Spezialist. Er war streng, nie lustig, aber immer gerecht zu uns Kindern, auch zu meinen Geschwistern, die ebenfalls ihr Taschengeld aufbessern mussten. „Gleich geht es los" sagte er zu mir und ich blickte erwartungsfroh zu ihm hoch.

Der Chef hielt acht weiße Bälle in der einen Hand für das Training und einen *Maxply*-Schläger in der anderen. Bevor die Stunde begann und ich überhaupt auf den heiligen Platz durfte, musste ich noch etwas Wichtiges vorbereiten. Der leere *Dunlop*-Ballkarton, der immer in der Mitte auf dem Drahtgitter des weiß lackierten Schiedsrichterstuhles lag, musste mit Sägemehl aufgefüllt werden. Die Spieler konnten dann damit ihre schweißnassen Hände trocknen, um zu verhindern, dass ihnen der Schläger aus der Hand rutschen konnte. Es fing dann an und lief etwa so ab: Die acht Bälle waren immer schnell weggespielt und hinter dem Trainer stehend, rannte ich mir die Seele aus dem Leib. Um alle wieder einzufangen, war man über den ganzen Platz hinweg am Rennen und Pusten. Ausgetreckter Arm und Wurf war angesagt, wenn der Pfiff ertönte, weil man mal träumte. Werfen konnte ich und das half doch sehr beim Sammeln. Der Chef nahm mehrere Bälle immer ganz locker in eine Hand und spielte sie dem Schüler abwechselnd in die linke und rechte Ecke.

Die nächsten Male war ich schon früher mit den Augen unterwegs und hatte die Bälle - zwei in der linken Hand, zwei in der rechten und das ganze noch mal in den Hosentaschen. Er lächelte und sagte: „Für den Anfang schon ganz gut. Probier´ doch mal in den nächsten Wochen, ob Du jeweils drei Bälle in einer Hand halten kannst und wenn Du mal groß bist, kannst Du vielleicht auch alle Bälle in einer Hand halten." Ich will ja nicht vorgreifen, aber auch ich wurde später Tennislehrer und acht Bälle in einer Hand, das ist mir bis heute nicht gelungen.

„Halbgott in Weiß", was man sonst manchmal über einige Ärzte zu sagen pflegte, traf auch auf Tennistrainer zu. Er sagte zu Ruth Köhler: „Der Junge kann anfangen, 50 Pfennig die Stunde und eine *Sinalco* Limonade." Das war ein Spitzenverdienst und damit war ich sogar in der Lage Geld zu sparen für andere Zeiten. Aber noch wichtiger für mich war, dass ich dadurch hautnah Kontakt zu den ganz großen Marburger Familien bekam. Das hatte wahrscheinlich eine so große Wirkung auf mich, dass ich mich schon innerlich recht schnell veränderte und meine Welt und die Tenniswelt mit ihren Menschen und deren Leben verglich. Das merkte man schon, aber man verglich, ohne es direkt zu wollen. Meine Welt und die Personen um mich herum konnten bezogen auf Bildung und Status gar nicht gewinnen.

Tennis High Society in Marburg (Club Journal TC Marburg)

Marburg war in diesen Jahren eine Hochburg im Tennis und gehörte zur großen Tenniswelt, zumindest in Hessen und mitunter auch in der ganzen Republik Deutschland. Im Tennisclub fanden große Turniere statt, die ich als Balljunge mit meinen gerade mal zwölf Jahren live erleben durfte. Es gab beispielsweise auch einen Frauen-Länderkampf Deutschland gegen Frankreich, unter anderem mit der bildhübschen Edda Buding. Der Deutsche Meister und Davis-Cup Spieler Dieter Ecklebe trainierte hier und Größen wie Bungert, Kuhnke und Buding waren oft zu Gast. Mittendrin der kleine Reinhard - was für ein Glück, dass ich dabei sein durfte.

Eines Tages kam Frau Köhler, ja die, die mich angesprochen hatte, zu mir und bot mir an, dass ich selbst einmal versuchen sollte zu spielen. Es begann an der berühmten Ballwand und wie mein Schläger, der mir geliehen wurde, in die linke Hand kam, ist mir bis heute ein Rätsel. Eigentlich bin ich Rechtshänder. Kurz darauf durfte ich auch auf den Platz und spielte sogar nach einigen Monaten des Übens in einer Jugendmannschaft. Glück liegt manchmal wirklich zum Greifen nah. Ich hatte es als Kind einer einfachen Soldatenfamilie in die elitären Kreise der Gutbürgerlichen geschafft. Das war ein weiterer wichtiger Baustein für ein sicheres Fundament in meinem Leben. Das wusste ich aber zu dem Zeitpunkt noch nicht.

Seit meiner nicht ganz freiwilligen Übersiedlung in den Westen war ich jetzt schon zwei Jahre hier, ging zur Volksschule, war Balljunge im Tennisclub, spielte Fußball hinter dem Haus und am Sonntagnachmittag verschaffte ich mir mithilfe eines Loches im Zaun Zutritt zum Marburger Fußballstadion. Das Stadion befand sich in meinem ganz persönlichen Bermudadreieck. Von der Bananenstraße führte ein direkter Weg zum Tennisclub und wenn man im Club weiter geradeaus ging, waren es nur noch ein paar Meter ins Stadion des geliebten VFL an der Gisselberger Straße. Dort spielten die Schimmelreiter. So nannten alle den Marburger Fußballverein VFL, gegründet 1860, genauso wie die berühmten Löwen aus München. 1937 wurde der Verein durch die Nazis mit dem anderen Fußballverein der Universitätsstadt, dem VfB, zwangsfusioniert. Die Umstände sind bis heute nicht ganz geklärt.

Wir waren alle vierzehn Tage Schwarzseher, denn zu der Zeit hatten die meisten Vereine keinen Hintereingang. Das Stadion war zur Südseite nur mit einem Zaun gesichert, der aber mit den Jahren immer löchriger wurde. Wir, das waren mein ein Jahr jüngerer Bruder, andere Kinder aus der Straße und auch mal Jungs vom Tennisclub. Die Reihe des unbemerkten Durchschlüpfens war festgelegt, es ging von klein nach groß. Die anderen, die nicht an der Reihe waren, versteckten sich hinter den vielen Büschen und der großen Hecke und wenn der Pfiff ertönte, krabbelte der nächste hindurch. So erlebten wir 1959 kostenlos den Meistertitel in der Hessenliga und noch bis '66 tollen Fußball in der damals dritthöchsten Klasse in Deutschland. Ein Jahr später stieg mein VFL ab. Aber bis es soweit war, sahen wir zwei junge Spieler, die mit viel Talent ausgestattet waren und wie stolze Schimmelreiter durch die Abwehr der jeweiligen Teams ritten, so wie „Sir Wilfred of *Ivanhoe*", der schwarze Ritter, gespielt von Roger Moore im Fernsehen. Die Brüder Tripp waren der drei Jahre ältere Georg und sein Bruder Charly. Sie waren meine Helden. Natürlich gab es Uwe Seeler oder andere zu dieser Zeit, die man anhimmelte, aber die Marburger Jungs waren alle zwei Wochen live zu sehen und man spürte das Besondere der beiden. Die Persönlichkeit der Brüder half mir beim Großwerden, denn ich hatte auf einmal lebende Vorbilder, in direkter Nähe, was in der Zeit Anfang der Sechziger nicht so oft vorkam.

Charly Tripp (rechts), Sommer `62

„Klaus fackelt nicht lange" könnte eine Überschrift eines Aufsatzes sein, sollte man eine Episode aus dem Alltag in der frühen Jugend schreiben. Nachmittags, nur in der Woche, spielten wir Fußball hinter den Häusern und unsere Tore waren die grün lackierten Wäschestangen. Im Block genau nebenan mit der Nummer 12, links unten Parterre, wohnte eine Familie, deren Sohn Klaus fünf Jahre älter war als ich. Klaus, genannt „Gaga", spielte damals immer Fußball mit uns, wenn er da war und Zeit hatte. Er war der Einzige, der wusste, wie das Spiel funktionierte, was kein Wunder war, denn er spielte erst in Marburg und dann bei Hessen Kassel. Ab 1963 spielte er dann lange Jahre in der Bundesliga und hatte sogar einen Einsatz als Nationalspieler. Wir mochten ihn, weil er auch Spaß daran hatte, mit uns zu bolzen. Sein Lieblingsspruch war „Jetzt fackel ich nicht lange" und drin war er! Er nahm uns ernst, war aber auf seine Art ein kleiner Verrückter. Schade, dass die Tripps nicht auch in unserer Siedlung wohnten, um auch mit uns zu bolzen. Das wäre aber auch zu viel des Glückes gewesen.

Der Schimmelreiter Charly kannte Klaus aber ganz gut und erzählte mir später mal im Vertrauen eine witzige Story und die ging in etwa so: Bevor Klaus in die Jugendmannschaft zum VfL Marburg kam, spielte er noch in einem anderen Verein und traf auf den VFL. Sein Vater war dort Trainer. Die VfL Jugendteams gehörten zu dieser Zeit zu den besten in ganz Hessen. Nach ungefähr 20 Minuten stand es bereits 7:0 für Charlys Team und am Ende des Spieles wäre es höchstwahrscheinlich zu einem Rekordergebnis gekommen. Der Vater von Klaus wollte das natürlich verhindern. Er war so clever und holte aus „Verletzungsgründen" fünf Spieler vom Feld. Der Schiedsrichter musste das Spiel den Regeln nach abpfeifen, da mindestens 7 Spieler einer Mannschaft auf dem Spielfeld sein mussten. Heute lachen wir immer noch über diesen cleveren Schachzug. Charlys Bruder verließ Marburg schon 1962 und heuerte beim 1. FC Köln an. Er spielte ein Jahr in einer Supermannschaft und hatte dadurch später jede Möglichkeit, die Fußballwelt zu bereisen. Hätte es dieses World Wide Web schon in den Siebzigern gegeben, wäre ich seinen Spuren sicher gefolgt. Charly selbst wechselte `64 vom VfL 1860 zu Mainz 05 und ich bekam das sogar hautnah mit. Seine Freundin, er und ich waren im Sommer im Schwimmbad. Dort traf er auf einen ehemaligen sehr guten Spieler vom VfL. Der spielte schon bei Mainz 05. Der fragte Charly, ob er nicht auch Lust habe, für die Mainzer zu spielen. Er wollte und auch seine sportbegeisterten Eltern hatten keine Bedenken. Am Abend kam es dann, leider ohne mich, zu der Vertragsunterzeichnung. Seine Mutter musste den Vertrag unterschreiben, da er noch nicht volljährig war. Es fehlte ein ganzes Jahr bis zum 21. Lebensjahr.

Zwei Jahre früher und bevor ich beide aus den Augen verlor, ich muss wohl so zwölf oder gerade 13 geworden sein, ging ich oft auf die Lahnwiesen, denn auch dort wurde gekickt. Ich sah schon aus der Ferne diesen schlaksigen jungen Typen, der mir bekannt vorkam. Er hielt ein rundes Stück Holz in der Hand und schlug einen Ball, den ihm ein anderer mit einer Maske zugeworfen hatte, kilometerweit direkt in die Lahn. „Und Tschüss" würde man heute sagen!

Es war einer dieser Jugendsommer, es war heiß, die Schulferien waren unendlich lang und die Zeit war unbeschwert. Sicher hat es auch mal geregnet und zur Schule musste man spätestens nach sechs Wochen auch wieder. Man lebte tagsüber sorgenfrei und man spürte den Drang in einem, der Erwachsenwerden hieß. Als ich mich dann also dem Mann mit dem Holz näherte, konnte ich es erst gar nicht glauben. Es war Charly Tripp, einer meiner Schimmelreiter. Er sah mich kommen und rief mir freundlich zu „Komm, spiel mit! Hier kannst Du Baseball spielen lernen. Ich bin Charly und wie ist Dein Name, junger Mann?"

Das Baseballspielen wurde im Sommer `62 von den Mormonen in unserer Stadt organisiert, um Jugendliche für ihren Glauben zu gewinnen. Die Mormonen sind eine christliche Glaubensgemeinschaft, die sich neben der Bibel auch auf das Buch Mormon beruft. Man denkt immer, dass das Anwerben für eine Kirche, Religion oder Sekte heute neu ist. Nein, das gab es schon immer. Früher waren aber sportliche Aktivitäten eine gute Möglichkeit, Jugendliche für sich zu gewinnen. Charly erzählte mir, dass er in der Schule Schlagball gespielt habe und deswegen so interessiert sei an diesem amerikanischen Sport, zumal die Amerikaner zu seiner Kindheit noch in Marburg stationiert waren. Da gab es dann Kaugummi und Schokolade satt. Als ich dann nur ein paar Jahre später in die Stadt kam, waren die GIs schon weg und weitergezogen. Als ich älter war, kamen Sie wieder zurück, um im *Club E* Beatmusik zu hören. Statt „Chewing gum" und Schokolade teilten sie schon mal mit der Faust aus. Das schmeckte dann nicht so süß. Schnell lernten wir uns kennen und obwohl er ganze sechs Jahre älter war, ließ er mich das nicht spüren. Er war Held, Vorbild und ein Freund für einen Sommer. Er war auch mein Vorgänger im Tennisclub als Balljunge. Der Stundenlohn von 50 Pfennig war für ihn wie für mich damals eine Traumgage. Sein Einkommen steigerte er noch zusätzlich durch das Einsetzen der aktuellen Filmplakate in die Kinoschaukästen der Theater. Auf die Idee bin ich leider nicht gekommen, oder ich hatte keine Ahnung davon. Übrigens, wenn man heute all die Plakate der damaligen Filme besäße, hätte man für den Rest des Lebens ausgesorgt! Na ja, fast.

Der Tag begann in diesem Ferien-Traumsommer ´62 schon ganz früh um halb sieben Uhr, denn es lief im Radio der Frankfurter Wecker. Das war eine Livesendung und sie wurde jeden Tag aus einer anderen Stadt gesendet. Mein Lieblingsmoderator war Heinz Schenk und wenn ich damals schon gewusst hätte, dass das ´ganze Leben nur ein Quiz´ ist, hätte ich beruhigter weitergelebt. Die Radiosendung war mit viel Musik, das gefiel mir sehr. Ich hörte die Sendung vom Bett aus, die Tür zum Wohnzimmer war sperrangelweit auf, sodass wir auch in unserem Kinderzimmer alles hören konnten. Der Vater war schon zum Dienst und in den Ferien durften wir ja auch mal liegen bleiben. Ich liebte es, im Bett liegend den Duft von frisch gebrühtem Kaffee, den meine Mutter täglich zubereitete, zu riechen und dem Radio zu lauschen.

Danach ging es zum Baseball mit Klaus und nach dem Spielen, man musste viel laufen und schlagen, ging es dann später zum Rummel, der gerade in diesem Sommer länger Station in unserer Stadt machte. Da gab es immer gute Musik und nette Mädels mit Petticoats und Hochfrisuren. Das Anbaggern im Autoscooter war nicht mein Ding, denn ich wollte ja nur die amerikanischen Songs hören. Der „**Twist**" von Chubby Checker oder „**Good look Charm**" von Elvis waren angesagt. „Fahren Sie mit, steigen Sie ein, jede Fahrt nur eine Mark!" ‚drang es fordernd aus den Lautsprechern. Ich blieb an der Veranda stehen und bewegte mich noch recht unbedarft zu der lauten Musik.

Charly erzählte mir einmal, dass man morgens auf dem Rummelplatz verlorenes Geld finden könnte. Da die Schausteller morgens noch schliefen, konnte man auch ungesehen auf das Gelände und zu den Schießständen gehen, da, wo man die Plastikblumen für sein Mädchen schießen kann. Man bräuchte nur die vor dem Stand auf dem Boden liegenden Holzlatten hochheben. Dann konnte man auf der Erde nach verlorenen Geldstücken vom Vorabend suchen, denn die meisten Besucher waren nicht mehr nüchtern. Charly und sein Bruder Georg verbesserten schon wieder ihr Einkommen. Die waren echt clever, die Jungs. Aber ich war dankbar für den Tipp, denn ich fand später auch das eine oder andere Geldstück und war glücklich. Es war wirklich ein Glückssommer `62 und heute, mit meiner Krebskrankheit, wird die Erinnerung daran noch spürbarer und ich bin für jede gute oder traurige Erinnerung aus dieser Zeit sehr dankbar.

Heute bin ich stolz und glücklich in dieser alten, von jeher durch das Begräbnis der heiligen Landgräfin Elisabeth von Hessen berühmten Stadt, gelebt zu haben. Keine andere Stadt, die ich kenne, liegt so krumm, schief und buckelig unter einer alten Burg!

Von der Burg ins Tal geblickt, Ich im Jahr 2015

Danach, also so um `64, ging ich in eine andere Zeit, das Stadion des VFL 1860 Marburg betrat ich jetzt durch den Haupteingang. Den Eintritt bezahlte ich von meinem schmalen Lehrlingsgehalt. Als ich dann drei Jahre später die Stadt verließ, blieb die Liebe zu meinem Heimatverein bis heute bestehen. Allerdings verfolgte ich den Niedergang ins Nirvana der Hessischen Fußballligen nur noch aus der Ferne. Das tat weh, aber kein Verein hat es in all den Jahren danach geschafft, mein Herz zu erobern. Als ich mal wieder in den Zweitausendern danach googelte, fand ich plötzlich meinen Heimatverein nicht wieder. 1992 wurde die durch die Nazis befohlene Vereinszusammenlegung wieder rückgängig gemacht und die Fußballabteilung gehörte von da an nicht mehr zum VFL. Heute heißt der Verein VFB und spielt keine Rolle. Die Rückkehr der Schimmelreiter, wie die Universitätsstädter wegen des Ritters hoch zu Ross in ihrem Vereinswappen genannt wurden, war ebenso nicht mehr möglich wie die der Brüder Tripp und meine.

Mit Charly habe ich nach über 50 Jahren zum ersten Mal wieder telefoniert. Es war wie gestern und mir fiel dabei auf, dass ich Klaus, die Tripps, den Deutschen Meister im Tennis Dieter Ecklebe und all die anderen schon früh als junger wilder Bengel getroffen, mit ihnen Fußball gespielt, im Stadion angehimmelt und ihnen die Bälle beim Tennis aufgehoben habe. Was für ein Glück. Schon wieder und später immer wieder.

Meine frühe Jugend und die Liebe zum Leben

Irgendwie, in der Zwischenzeit, in den Sechzigerjahren, faszinierte mich besonders das Fernsehen. Es wurde zum Ritual an festen Tagen, zu den gleichen Uhrzeiten die unglaublichen Serienhelden, auf die man sich schon eine Woche lang freute, zu sehen. Sie gehörten irgendwie zu einem. Heute gibt es diese Typen auch, aber in so einer Vielfalt und Qualität, dass man schon mal leicht den Überblick verlieren kann und wer keine Kohle hat, schaut kein Sky, sondern in die Röhre. Apropos Röhre, denn unsere Fernseher hatten alle nur eine und wir schauten in schwarz und weiß zum Beispiel *77 Sunset Strip* mit Kookie, dem mit der kieksenden Stimme, die von Hans Clarin, der späteren Pumuckl-Stimme, synchronisiert wurde. Kookie fiel in der Serie auch dadurch auf, dass er sich ständig mit einem Taschenkamm die Haartolle zurückkämmte. Diese Serie war mein absoluter Favorit, besonders das Fingerschnipsen am Anfang der Titelmelodie. Die für uns damals unerreichbare Kulisse von Los Angeles hat mich und meine Geschwister elektrisiert. Natürlich gab es auch damals schon Werbefernsehen und je nach Bundesland hatte jeder eine Werbefigur. Bei uns war es Onkel Otto, das Maskottchen des Hessischen Rundfunks. Er war ein grauer Fernse(e/h)hund und kam im regionalen Vorabendprogramm als Werbetrenner zwischen den einzelnen Werbespots zum Einsatz. Als der FernSeehund schlafen ging, mussten wir noch eine Stunde warten, denn die Serien fingen erst um Neun Uhr an. Wer jetzt glaubt, so wie heute üblich, dass Kinder schon mal mit den Eltern schauten oder es auch sonst keine Einschränkungen wie Uhrzeit oder ´nicht jugendfrei´ gab, kennt die Sitten Ende der Fünfziger und Anfang der Sechziger nicht. Für uns gab es eine strenge militärische Regel am Abend, die wartet ein paar Zeilen weiter unten auf euch, aber trotzdem fanden wir immer einen Trick, um die Regeln auszuhebeln. Unsere Mutter ließ uns immer am Abend einen kleinen Türspalt offen, damit wir durch einen schmalen Türschlitz in das Wohnzimmer sehen konnten, denn der Fernseher stand günstig direkt rechts vom Eingang. Damit das auch klappte, stellten wir uns wie die Bremer Stadtmusikanten auf. Da ging es gerecht nach Alter: Die Schwestern hatten Vorrecht auf die besten Positionen und wir jüngeren Brüder waren mit den Augen unter der Türklinke. Sobald sich im Wohnzimmer etwas regte und unser Vater oder die Mutter aufstanden, um das Klo zu besuchen, sprangen wir so schnell es ging auf und liefen in unsere Zimmer. Meine Schwester Irmtraud sagt noch heute, dass das allein spannender war als jeder Krimi. Wenn wir Pech hatten, schloss einer der beiden die Tür. Das war dann aber nicht schlimm, denn wir waren im Laufe der Zeit Meister im lautlosen Türöffnen geworden.

Immer dienstags oder später freitags am Abend nach der Tagesschau liefen die tollen Serien, die heute alle Kult sind. Wer kennt nicht *Auf der Flucht* mit dem berühmten Richard Kimble, *Mit Schirm Charme und Melone* mit der unglaublichen Emma Peel und dem Gentleman-Ermittler John Steed oder *77 Sunset Strip*, das gleichnamige, in Los Angeles am Sunset Boulevard angesiedelte Detektivbüro, aber das erwähnte ich ja schon.

Meine Schwester Irmtraud schaute am liebsten *Am Fuß der blauen Berge* Anfang der Sechziger und erzählte mir Jahre später, dass wir Kinder noch vor Beginn der Tagesschau - man hörte das Intro aus allen Wohnungen, nicht nur aus unserem Block, sondern auch noch von gegenüber, und es klang damals wie in einer Kathedrale - gewaschen sein mussten, Zähne geputzt haben und den Schlafanzug auch schon anzuziehen hatten. Noch bevor es also losging mit den Nachrichten des Tages, mussten wir im Bett sein und es herrschte, wie es sich für einen militärischen Haushalt gehörte, Ruhe. Vielleicht ist das frühe Fernsehfieber mit Hindernissen wahrscheinlich auch der Grund dafür, dass ich heute immer einen Fernseher im Schlafzimmer habe.

Die Soldaten in der Kaserne durften auch nur bis zehn Uhr auf sein und unser Vater dachte wohl, dass das zu Hause altersgemäß auch früher sein müsste. Als Spieß der Kompanie in der Kaserne und das sieben Tage in der Woche konnte er wohl nicht Dienst und Privates trennen. Was dieser Gleichklang der Erziehung brachte, war genau das Gegenteil des Gewollten. Das sollten wir und besonders ich viel später im Leben schmerzlich erfahren. Es gab aber bei der Bundeswehr auch eine ganz tolle Einrichtung, die eigentlich, wenn ich heute darüber nachdenke, nur für uns gemacht wurde. Die hieß Manöver und alle Soldaten aus der Siedlung waren dann ganze lange drei Wochen weg. Einfach nicht mehr da. In dieser Zeit waren alle Verbote aufgehoben, die Fransen vom Teppich konnten sich austoben und die Bremer Stadtmusikanten hatten 21 Tage keinen Dienst an der Tür.

Meine Mutter und ich, Anfang der 60er Jahre

Das Beste aber war, dass wir nun und nur in dieser Zeit Zugang zum Süßigkeitenfach im Wohnzimmerschrank hatten, der sonst verschlossen war. Darin befanden sich Rumkugeln, Pfefferminztaler und die unglaublichen Cremehütchen. Das war jeden Abend ein Fest, denn in dieser Zeit konnten wir auch Fernsehserien im Vollbildmodus und ohne Rückenschmerzen schauen. "Dieser Fall ist wahr! Er basierte auf authentischen Polizeiunterlagen und er hat sich so zugetragen, wie wir es zeigen. Nur Namen von Personen und Straßen wurden verändert, um Unschuldige und Zeugen zu schützen.", so begann jede Folge der ersten deutschen Krimiserie Stahlnetz und dazu noch das markante „Taa-Ta-Tamm-Tamm". Für mich unvergesslich und sicher auch für manch anderen, denn oft wurde man am nächsten Tag gefragt: „Hast Du gestern Stahlnetz gesehen?!". „Klaro." Kein Kunststück, denn bis `63 gab es nur ein Programm und es entstand der Begriff vom Straßenfeger.

Es war wirklich so, dass die Straßen praktisch menschenleer waren und viele Straßenfeger besitzen heute regelrecht Kultstatus. Mehrteiler wie *So weit die Füße tragen* zogen mich so in ihren Bann, dass ich mit dem Soldaten Clemens Forell auf dessen Fernseh-Flucht aus der russischen Gefangenschaft fror, bibberte und mit Millionen anderen an den Bildschirmen hoffte, dass seine abenteuerliche Flucht nach Hause gelingen möge und er nicht noch auf den letzten Metern erfror oder verhungerte.

Radiohören war für mich genauso spannend wie Fernsehen. Im geliebten Radio liefen Kriminalgeschichten, auch als Mehrteiler, von dem englischen Autor Francis Durbridge und man wusste bis zum Ende der Serie nicht, wer der Mörder war. Die Hörspiele kamen so echt rüber, dass man glaubte, direkt dabei zu sein, aber Straßenfeger wie im Fernsehen gab es nicht. Da lief der Durbridge-Sechsteiler *Das Halstuch* über die Bildschirme und löste eine nie da gewesene Euphorie in der Republik und auch bei mir und meiner Familie aus. Das Bild völlig leer gefegter Straßen während der einzelnen Folgen war wohl die Geburt des ersten wirklichen Straßenfegers und ist immer noch eine starke Fernseherinnerung bei mir. Die Bananenstraße war immer während der einzelnen Folgen auf der linken und rechten Seite voll mit Autos, denn alle schauten fern. Die, die keinen Fernseher besaßen, quartierten sich einfach bei den Nachbarn ein. Wir hatten ja glücklicherweise schon einen Fernseher und für mich und das ganze Land war nur eine Frage von Bedeutung: Wer war der Halstuchmörder, den Inspektor Harry Yates, gespielt von Heinz Drache, jagt? Was war zu der damaligen Zeit das Geheimnis der ungeheuren Popularität vom *Halstuch* und der Tatsache, dass man keine Folge versäumen durfte? Ganz einfach, es gab noch keine Videorekorder, kein Konkurrenzprogramm.

Auch die Kinos blieben an den sechs Sendeabenden praktisch leer und sogar die Nachtschichten in Fabriken sollen ausgefallen sein. Die Taxifahrer schauten natürlich auch und so ruhten die Fahrten für etwas mehr als 30 Minuten pro Folge. Das soll wohl vorher nie vorgekommen sein, aber jeder wollte am nächsten Tag auch mitreden können. Das fing schon auf dem Weg zur Schule an. Wir strengten uns an, konnten aber das Geheimnis nicht lüften. Meine Spannung und Vorfreude auf den letzten Teil mit der Auflösung wurde aber jäh zerstört, denn am 16. Januar 1962, einen Tag vor Ausstrahlung der finalen Folge, wurde der Mörder in einer Zeitung von dem Berliner Kabarettisten Wolfgang Neuss schon verraten. Es gab in Berlin eine Zeitungsannonce für seinen gerade angelaufenen Kinofilm. In der Anzeige stand „Ratschlag für morgen Abend, bitte nicht zu Hause bleiben, sondern ins Kino, denn was soll's: Der Halstuchmörder ist der Maler John Hopedean, gespielt von Dieter Borsche!" Damit war der Skandal perfekt, wir waren geschockt und Neuss erhielt Morddrohungen. Die Zeitung mit den großen Buchstaben bezeichnete ihn sogar als Vaterlandsverräter. Zwar erklärte der Kabarettist bis zu seinem Tod, den Mörder lediglich richtig erraten zu haben, aber es gab auch Hinweise, wonach Neuss' Mutter und Borsches Ehefrau sich regelmäßig zur Pediküre in Berlin trafen. Ja, so war das und bleibt ebenso unvergessen wie viele Fernseh-Höhepunkte „Auf Schwarz und Weiß" in den 60er Jahren. Heute wird der Serienschluss eines Hits strenger geheim gehalten als das Rezept von Coca Cola.

Die letzten zwölf Monate lagen vor mir. Die waren wie die davor ausgefüllt mit Schule, Herumtreiben, Radiohören, Fernsehen, jetzt Jerry Cotton-Romane lesen, die aber genauso ein Beschiss waren wie die Karl May-Bücher, denn alle spannenden Storys, die mich und meine Taschenlampe bis spät in die Nacht unter der Bettdecke begleiteten, waren so nie passiert, die Autoren waren ja noch nie in New York gewesen. Neben den Piratensendern mit dem knallharten Rock`n Roll aus Amerika mit Elvis, Buddy Holly, Bill Haley oder der beginnenden Beatmusik mit dem smarten Cliff Richard („**Rote Lippen soll man küssen**"), gab es auch Singles mit deutschen Texten, die mich erreicht hatten und die ich bis heute immer noch gerne höre - aber heimlich. „**Sweety**" von Peter Kraus war so einer, seine Filme mit Connie liefen rauf und runter im Kino, denn sie waren das erste deutsche Schlagertraumpaar. Sonntagnachmittag war immer mein Kinotag, da liefen dann die Musikfilme. Kinos hießen damals Filmtheater und mein liebstes war das *Rex,* unweit unserer Siedlung, die Leuchtreklame auf dem Vordach strahlte abends in Gelb, der Schriftzug *Rex* stand schwungvoll auf dem Vordach. Das konnte ich aber selten sehen, denn wir durften zu der Zeit nur die Nachmittagsvorstellung besuchen. Links und rechts vom Eingang waren die Schaukästen angebracht, die, wie ich ja später von Charly erfuhr, von ihm mit den aktuellen Filmplakaten bestückt wurden. Damals gab es auch noch Unmengen Fotos in den Kästen, wie gesagt, die müsste man heute besitzen. Das Wellblechvordach war über zehn Meter lang und schützte den Gang in das Lichtspielhaus vor Sturm und Regen. Im Eingangsbereich auf der Tapete waren Willkommensgrüße in vielen Sprachen zu lesen vom „Grüß Gott" bis zum „Bonjour".

Wenn man die Treppe herunterkam, das Geländer typisch Sechzigerjahre, die Streben jeweils unten zu einer Schlaufe geschmiedet, fiel einem sofort eine große Blumenvase bestückt mit weißen Chrysanthemen ins Auge. Zwei Ledersessel luden zum Verweilen ein und alles war gepflegt und sauber. An den süßen Geruch von Popcorn kann ich mich nicht erinnern, für den

Getränke- und Speisenausschank hatte ich wohl zu wenig Geld, aber nie vergessen werde ich die kleine Frau mit dem großen Herzen, Frau Hittinger. Sie war die Kassiererin und gleichzeitig die gute Seele des Kinos. Sie saß in ihrem Kassenhäuschen hinter der Glasscheibe mit dem kleinen Sprechloch und verkaufte die Eintrittskarte mithilfe der damals üblichen Messingrutsche. Ich legte das Geld ein, sie zog es zu sich und legte nun ihrerseits meine Karte hinein. Sie mochte mich und alle großen Kinder aus der Siedlung und von Charly erfuhr ich, dass Anneliese Hittinger das *Rex* noch mit über achtzig Jahren begleitet hatte und sie soll es jederzeit im Griff gehabt haben. Im riesengroßen Saal des Kinos saß man in großen, mit rotem Samt bezogenen Sesseln, die so bequem waren, dass ich schon mal einnickte. Spätestens als die Titelmelodie von Mundharmonika-Man Charles Bronson schrill aus der Leinwand drang, war ich wieder hellwach.

Filmfoto mit Claudia Cardinale, fotografiert von Angelo Novi 1962
direkt am Set von „Spiel mir das Lied vom Tod"
Mit freundlicher Genehmigung © Nachlass Angelo Novi

Zu dieser Zeit stand die Mauer bereits, auch wenn vorher beteuert wurde, dass niemand die Absicht hätte, so eine zu bauen. Nun stand sie also da und Backsteine, Stacheldraht und Soldaten mit Gewehren schotteten mich immer mehr ab von meiner Kindheit und meiner Oma. Sie war immer noch mein Fels in der Brandung und die Tage, an denen ich gemeinsam mit den anderen in die DDR fuhr, waren viel schöner, als zum Beispiel über den Brenner zu fahren und dann in Italien die langen Nudeln mit einer Schere abzuschneiden, um sie dann erst zu essen.

Die Fahrten im Interzonenzug Richtung meiner Heimat DDR führten immer wieder über denselben Grenzübergang, an dem ich vor Jahren Abschied nehmen musste von meiner geliebten Emma. Jetzt stand der Bahnhof im gleißenden Licht, das von dem großen Wachturm kam und sich immer im Halbkreis bewegte. Es war Abend, aber taghell, und das Licht blendete so, dass ich niesen musste. Das Phänomen macht sich auch heute noch beim kleinsten Sonnenstrahl bemerkbar. Links und rechts von unserem Waggon gingen jeweils immer zwei Soldaten mit ihren scharf gemachten Schäferhunden und ihren Kalaschnikows vorbei, um Sekunden später, wie aus dem Nichts heraus, unsere Abteiltür mit lautem Geräusch zu öffnen und mit brutaler Stimme nach unseren Papieren zu fragen. Schlottern ist gar kein Ausdruck dafür, wie groß meine Angst immer war. Meine Mutter sagte immer zu uns allen „Sagt denen ja nicht, dass euer Vater bei der Bundeswehr ist, wenn man euch fragt." Heute weiß ich, dass „DIE" das schon lange wussten und nur scharf auf unsere harte D-Mark waren. Wenn man Glück hatte, wollten Sie keinen Blick in unsere Koffer werfen, denn wenn doch, dann hätten Sie vielleicht die *Bunte* und die *Quick* entdeckt, die meine Mutter immer versuchte, ihrer Mutter über die Grenze zu schmuggeln.

Die Grenzkontrollen waren immer so umfangreich, dass wir meist mehr als eine Stunde im Zug am Bahnhof standen. Außerdem wurde die Lok gewechselt, was man gut sehen konnte, denn die Fenster waren bis unten hin zu öffnen und man sah mal wieder nichts, weil zwei Loks ihren Dampf ablassen mussten. Fuhren wir dann im Osten weiter, kühlten die heruntergelassen Scheiben der Fenster unser hitziges Abteil, denn wir fuhren immer im Hochsommer und abends stand nach wie vor die Hitze im ganzen Zug. Ich hielt meinen Dickkopf in den Fahrtwind, so wie ein Segel, um schneller ans Ziel zu kommen.

Die Ferien mit Oma, den Wünsches, der Feldarbeit, den Tieren und dem Eismann waren für mich und meine Geschwister eine unbeschwerte Zeit und keiner dachte an den Ort, an dem wir sonst wohnten. Die Schwestern trugen bunte Kleider, wir kurze Hosen und kurzärmelige Hemden. Kleider, Hemden und Hosen waren 'Made in DDR', denn unsere Oma kleidete uns von Kopf bis Fuß mit neuen Sachen ein. Ärmellose Sommerkleider für die Schwestern, mit übergroßen Rocktaschen, schlicht geschnitten und ohne Kragen. Es waren fröhliche Kleider und sie griffen auch die Mode im Westen auf, wenn auch immer mit Verspätung. Für meinen Bruder und mich gab es ´Trevira´, hüftlange Blousons, auch mit zwei praktischen Brusttaschen, aus ´Perlon´. Für uns Jungs fiel es gar nicht auf, dass wir Sachen aus dem Osten trugen, außer dem Material, denn auch im Westen wurde die Mode für die Buben vernachlässigt. Kamen wir wieder aus der großen Stadt zurück, ging es sofort auf den Heuboden, wo wir viel Zeit mit Spielen und Raufen verbrachten.

Auf der Fahrt zurück, neu eingekleidet, satt gegessen, vollgepumpt mit der gnadenlosen Sommersonne des Ostens, dadurch braun gebrannt und voller Lebensfreude, kamen wir dem Grenzübergang immer näher. Auf den Rückfahrten schmuggelte meine Mutter schon wieder. Sie versteckte Bettwäsche, manchmal auch bündelweise Ost-Mark und andere Dinge in den Koffern, die speziell präpariert waren. Meistens musste meine Mutter keinen Koffer öffnen, aber eigentlich hätten die strengen Grenzbeamten an meinen Augen ablesen können, dass was faul war im Staate Dänemark. Eine Mutter mit fünf Kindern war wohl kein lohnendes Opfer. In dieser Zeit schickte jeder, der im Osten Verwandte hatte, die berühmtem ´Westpakete´, gefüllt mit allem, was es im Osten nicht zu kaufen gab. Ich habe in Erinnerung, dass unsere Pakete ´Ostpakete´ hießen, denn meine Oma schickte uns immer wieder was zum Anziehen, damit wir nicht froren und immer ordentlich und sauber aussahen.

Es war aber nicht so, dass wir Kinder an den Feiertagen oder Geburtstagen keine Geschenke von unseren Eltern bekommen hätten. Nein, so war das nicht, aber was wünschte man sich denn als Kind, wenn man doch immer das Gefühl hatte, es wäre ja gar nicht verdient, weil man immer Schimpfe bekam und selten gelobt wurde. Wofür auch, denn meine Schulnoten waren tief im Keller und Widerworte gab ich gerne, die aber nicht mit Beifall aufgenommen wurden. Die elterliche Gewalt ließ mir wenig Spielraum. Wenn mein Vater beleidigt war oder sein Jähzorn überhand gewann, rückten schon mal Wünsche wie eine Taschenlampe oder ein Lederfußball für mich in weite Ferne. Mit so einer Taschenlampe konnte man in der Schule groß angeben. Die war damals so begehrt wie ein Smartphone heute oder etwas anderes in dieser Liga.

Da ich also keine Taschenlampe besaß, musste ich Sie mir halt irgendwie aneignen. So eine Art kriminelle Energie, die sich auf

Sachen anderer bezog, war schon früh in mir, aber das legte sich später, als ich in der Lage war, mir meine Wünsche selbst zu erfüllen. Jedenfalls hatte ich die Taschenlampe eines Freundes mal einfach so mitgenommen und mich sofort aus dem Staub gemacht. Auch hier kam ich nicht weit, denn die Eltern des Jungen kamen mir ganz schnell auf die Schliche und ich gab das Teil wieder heraus. Eine Taschenlampe musste man aber zu der Zeit haben, denn sonst konnte man nicht nach 20 Uhr unter der Bettdecke lesen.

Einen Fußball gab es dann doch und das hatte ich meinem Bruder zu verdanken, der offensichtlich weniger Strafpunkte hatte als ich. Es war an einem ersten Weihnachtsfeiertag, Schnee bedeckte die Rasenfläche vor dem Haus und wir machten uns ein Tor mit unseren DDR-Pullundern und ließen endlich unseren eigenen Ball rollen - so wie Gaga oder die Tripps.
Die Freude, wir winkten unseren Schwestern von unten jubelnd zu, währte nur eine kurze Zeit, denn das Material des Balles war kein reines Leder, sondern so eine Art Imitat. Durch den Schnee, die Nässe und das fehlende Fett löste sich die gelbe Farbe in Sekundenschnelle von der Haut des Balles. Wir waren traurig, denn so gab der Ball ein ganz trauriges Bild ab, aber das änderte leider nichts daran, dass wir Jungs nicht ungeschoren davonkamen – wir hatten ja den Ball kaputtgemacht.

Ostern, Pfingsten, Weihnachten und die vermaledeiten Sonntage waren immer gleich. Meine Mutter kochte sich einen Wolf, aber das Essen an Festtagen werde ich nie vergessen und heutzutage ist Braten mit Kartoffeln, Rotkohl oder Klößen, dazu eine dunkle, lecker schmeckende Soße, immer noch ein Genuss für mich. Als Gemüse gab es des Öfteren Rosen- oder Blumenkohl. Während meine Mutter in der Küche schuftete, saß mein Vater vor dem Fernseher und wir langweilten uns in unseren Zimmern, die aufgeräumt und ordentlich sein mussten.

So verging langsam die Zeit mit allem Schönen und auch weniger Gutem, was ein Kindesleben so ausmachen kann, aber man spürte auch, dass die Zeit sich verändern würde, denn wir sollten schon bald eine eigene Zukunft bekommen.

Abschied von der Kindheit

Aufbruch in ein anderes Leben

Meine eigene Zukunft sollte im April `64, ich war noch dreizehn, mit einem Ausbildungsvertrag als Verkäufer beginnen. Wie es dazu kam, ist schnell und ohne Spannung erzählt, sollte aber in den drei folgenden Jahren noch sehr spannend, unterhaltsam und vor allen Dingen, im wahrsten Sinne des Wortes, lehrreich werden. Natürlich gibt es auch zu diesem für mich prägenden Ereignis eine kleine Vorgeschichte. Es war die Zeit, in der die Beatles zwei Monate mit **„I Want To Hold Your Hand**" oder der deutschen Version **„Komm gib mir deine Hand**" durch die Hitparaden donnerten. Dazu gibt es noch einiges zu lesen, aber erst ein paar Zeilen später, denn vorher sehe ich in der Erinnerung mich und meine Mutter, die Köpfe eng zusammengesteckt, über den damals unendlich vielen Stellenangeboten für Lehrlinge in der Tageszeitung sitzen.

Eine Anzeige gefiel mir besonders, denn ein Modehaus direkt mitten in der Stadt suchte einen Lehrling als Verkäufer. Es handelte sich auch noch um das beste Bekleidungshaus vor Ort, es war zentral gelegen, mit dem Bus leicht zu erreichen und man musste als Berufsbekleidung Anzug mit Binder tragen. Der Blaumann blieb mir ja Gott sei Dank erspart, denn eine Woche vorher war ich bei einer Metallbaufirma mit Pauken und Trompeten durch den Rechentest gerasselt. Da das Zeitfenster nicht sehr groß war, denn mir blieben nur noch zehn Tage bis zum allgemeinen Ausbildungstermin, nahm meine Mutter ihren Kopf hoch, schaute mich lächelnd an und sprach: „Da fahren wir mal hin und stellen Dich vor". Als wir eine Stunde später im Bus saßen, sah sie mich so von der Seite an und meinte: „Für einen Verkäufer wird ja es wohl knapp reichen, oder?"

Sie konnte zu der Zeit nicht ahnen, dass es im Laufe der Ausbildung mehr als reichte und mich der Weg wieder in ein neues, spannendes Kapitel führen sollte. Wieder Glück. Wieso lief das alles so? Also, sehr zur Überraschung meiner Mutter, war ich von nun an „Stift". Ihr Aussehen an diesem für mich wichtigen Tag war umwerfend. Sie hatte sich chic gemacht und sah wirklich toll aus in ihrem dunklen Kostüm. Die weiße Perlenkette, die sie um ihren Hals trug, war ein hübscher Kontrast zu ihren pechschwarzen Haaren und ihr Auftreten war sicher mehr als hilfreich für meine Bewerbung.

Die Chefs waren zwei Brüder. Wie das damals so alles ablief beim Vorstellungsgespräch, daran kann ich mich nicht mehr erinnern. Sicher war nur, dass ich zwei Wochen später meine Ausbildung beginnen konnte. Das Büro der Brüder Heinz und Wilhelm Bersch mit vielen alten englischen Möbeln lag im Hinterhaus. Später kam es schon das eine oder andere Mal vor, dass man sich dort einen lockeren Anpfiff abholen durfte. Vorne waren die Verkaufsräume. Es gab ein Untergeschoss, zwei Etagen, eine Schneiderei und das Büro konnte man, wie gesagt, im Hinterhaus erreichen. Das Büro war insofern wichtig, als dass man sich dort am Monatsende seine Lohntüte abholte. Das waren immerhin im ersten Lehrjahr achtzig Deutsche Mark für mich. Das Geld wurde bis auf den Solidaritätszuschlag von 20 DM für die Eltern, in Singles, Zigaretten, Fahrgeld, Bekleidung und den regelmäßigen Besuch in der gegenüberliegenden Milchbar investiert. Die geliebten Musik-Singles konnte man damals auch bequem für ganze fünf Mark am Automaten nebenan im Rundfunkgeschäft wie Zigaretten ziehen und einmal im Monat ging es auch zum Frisör, denn der aktuelle Messerschnitt war Pflicht. Anzüge, Hemden, Schuhe, Binder und Hosen, die nun mal ein Verkäufer zu tragen hatte, waren noch einmal ein großer

Posten. Da man dadurch aber nicht immer mit dem Lohn auskam, musste man häufig um einen Vorschuss bitten, den man je nach Höhe auch bekam. Bitter war nur, dass einem dieses Geld am Monatsende wieder abgezogen wurde.

Das Bekleidungshaus J. Bersch war das erste Haus am Platz und jeder meiner Kollegen und Kolleginnen war stolz darauf, ein Teil dieser Institution zu sein. Alles hatte ein hohes Niveau und die Firma große Tradition, denn das Haus gab es schon in den goldenen Zwanzigerjahren. Das spürte man förmlich, wenn man sich im Haus bewegte und der gute Ruf in der Stadt färbte auch hin und wieder auf mich ab.

Der Marburger Rudolphsplatz, 1961

Es sollten drei unglaublich schöne und aufregende Jahre in einem geschützten und behüteten (Hüte führten wir nicht) Raum werden, der auch heute noch zu meinen geliebten Sehnsuchtsorten gehört, aber ihn sollte es Jahre später nicht mehr geben. Das war ein großer Verlust in meinem Leben und meiner Lebensgeschichte überhaupt, es war der erste Ort, an dem ich Wertschätzung erfuhr. Die Zeit in der Lehre war spannend, denn das Haus hatte nicht nur Mode von der Stange, eine riesengroße Maßschneiderei, eine Bügelstube und eine Vielzahl von Mitarbeiterinnen und Kollegen. Es war auch, wie zu der Zeit nicht unüblich, von der Stimmung einer freundlichen und respektvollen familiären Atmosphäre getragen. Brachte ich einen Anzug in die hauseigene Schneiderei, führte mich der Weg über verwinkelte Treppen aufwärts in den Hinterhof. Die Stufen aus Holz waren nicht sehr breit und knarrten bei jedem Schritt, es war düster und im Winter war es mir sogar ein wenig unheimlich. Dieses Ambiente wäre damals sicher eine super Kulisse für einen Film aus den zwanziger, dreißiger oder vierziger Jahren gewesen und Rainer Werner Fassbinder hätte hier auch gut seine *Ehe der Maria Braun* drehen können. Das Stockwerk darunter führte in die Bügelstube, wo ich, wenn möglich, eine mit der Zeit liebgewonnene Pause machte, um mit den netten Damen mit ihren Dampfbügeleisen der Marke *Philips* zu plauschen.

Ihr ´Traum in Chrom´ glänzte im Licht der Glühbirnen, hatte einen schlichten, schnittigen, schwarzen Griff, eine abgeflachte Spitze, mit der filigranes Bügeln an den Hemden möglich war und war damals, im Gegensatz zu mir, seiner Zeit weit voraus. Für eine Tasse Kaffee war immer Zeit und als Junge im Hühnerhaufen der gestandenen Mädels war ich doch so etwas wie der Hahn im Korb. Die Kaffeekanne stand auf einem Ofen aus dem vorigen Jahrhundert, der zusätzlich natürlich im Winter für Wärme sorgte, denn Heizkörper hatten die Hinterhäuser nicht. Nach einem spitzbübischen „Danke" von mir und dem kollektiven Winken der Damen ging es in den oberen Stock in die Maßschneiderei. Hier saßen doch tatsächlich die Meister im berühmten Schneidersitz auf den Stühlen um den langen dunklen Holztisch herum oder standen vor den lebensgroßen Puppen mit ihren halbfertigen Jacken, die von mehr als hundert Nadeln befestigt waren. Die Mode in den Sechzigerjahren war das eine und nicht schwer zu lernen, aber das Wissen um die jeweiligen Schnitte oder die unterschiedliche Verarbeitung lernte ich bei den lustigen, aber mitunter auch tapferen Schneiderleins. Dort ging ich oft hin, um Änderungen abzugeben, wieder abzuholen, oder einen der Herren zur Maßanprobe mitzunehmen. Das Tragen der Puppe, ja die musste mit, war mein Job und zur Belohnung erzählte der Schneider mir auf dem Weg in den Verkaufsraum einen, zugegebenermaßen nicht immer stubenreinen, Witz.

Dass das Zwischenmenschliche das eigentliche Geheimnis des Erfolges eines Familienunternehmens sein kann, habe ich durch die Brüder, meine Chefs, früh gelernt und es hat sich, an welchem Ort oder Platz auch immer, fest in mir verankert! Die Zeit war nicht so brutal wie heute und wenn man sich engagierte, hatte man den Berufshimmel auf Erden. ´Fördern und fordern´ gab es schon damals und war durchaus an der Tagesordnung.

Im zweiten Lehrjahr war ich schon ganz alleine verantwortlich für das gesamte Hosenlager, was Verkauf und Erscheinungsbild betraf. Natürlich war ich stolz und hatte eine Menge Freude daran, den Kunden gute, aber in erster Linie edle Qualität zu empfehlen. Außerdem lag es mir mit Textilien zu arbeiten, die Stoffe in die Hand zu nehmen, zu erfahren, woher sie kamen und mich immer wieder zu wundern, wie teuer sie damals schon waren. Hunderte von Stoffballen befanden sich im Verkaufsraum im ersten Stock und das Ritual, wenn „Schneider Wibbel" mit dem Maßband den Stoff abmaß, ihn dann kerzengerade mit der Schere abschnitt und zu einem Quadrat zusammenlegte, habe ich noch genauso vor Augen, als ob ich dabeistehen würde. Ich liebte den Tweed als Stoff, den Popelinemantel und vieles mehr, aber mein Favorit war das Glencheckmuster. Keine Ahnung, warum das bis heute noch so ist. Der Glencheck hat seine Wurzeln in Schottland und die Karos, die sogenannten Checks, waren die Erkennungszeichen der vielen Clans. Die meisten der damals betuchten Kunden, darunter viele Professoren der Universität, ließen sich daraus einen eleganten Sportanzug für das Wochenende schneidern, den ich dann, als er nach einigen Wochen und unzähligen Anproben endlich fertig war, persönlich zu ihnen bringen durfte. Das war mein Lieblingsjob, okay, das Wort gab es noch nicht in meinem Sprachgebrauch, aber es ändert nichts daran, dass ich mich regelmäßig dafür meldete, denn man durfte schon kurz vor Feierabend gehen. Als Belohnung gab es auch immer ein Trinkgeld von den Professoren, die ausnahmslos in der Oberstadt wohnten.

Was aber vom ersten Tag an beim Betreten der neuen Berufswelt noch beeindruckender und wichtiger war, das war für mich so berührend, dass alle mir von Anfang an eine Menge Sympathie entgegenbrachten. Man spürte, das war wie ein Vorschuss auf ein zukünftiges kollegiales Miteinander. Den Vorschuss sollte ich von dem Tag an mit kleinen privaten Diensten, Gesprächen und auch Aufmerksamkeiten in kleinen Raten zurückzahlen.
Es gab auch Menschen mit anderen Lebensläufen, Lebensformen und Ausbildungen, von denen ich aber noch nicht so viel wusste. Das sollte ich in den nächsten Jahren aber alles noch kennenlernen.

Diese Art von Berufsfamilie war gar nicht so untypisch für die Zeit und man gefiel sich in der Art, wie man „NEU" sprach, also höflich und in ganzen Sätzen, die Leuchtreklame in der Stadt aufsog, sich für den zu interessieren begann, mit dem man ja jetzt „hautnah" zusammenarbeitete, oder tatsächlich jeden Morgen in der Pause die Bildzeitung der älteren Kollegen mitlas. Bei mir kam noch hinzu, dass ich jeden Tag Anzug und Krawatte tragen musste, was mein Vater nur verächtlich mit der Bemerkung „Der tut ja so wie Graf Koks" bedachte. Laut WIKIPEDIA ist „Graf Koks" die umgangssprachliche Bezeichnung für eine Person, die besonders vornehm oder angeberisch tut. Wir schreiben 1963 und mein Vater kannte schon WIKIPEDIA - lustig! Nicht nur das, sondern er hatte auch recht, was ich aber meinerseits nicht wahrhaben wollte. Heute bin ich sicher, dass er entweder stolz oder eifersüchtig auf mich war, schon weil ich ihm sehr ähnelte, was sich noch stärker in all den Jahren danach zeigen sollte. Er konnte und wollte seine Gefühle eben nicht zeigen - wie auch, wenn man es nicht gelernt hatte. Schade, dass wir beide nie den Mut gefunden haben, darüber zu reden.

Als aus Reinhard Billy wurde

Dass mich bald alle Billy nannten, hatte ich dem Song von „Billy Mo", dem farbigen Sänger aus Amerika, zu verdanken, denn genau Ende des Jahres `63 stürmte er mit dem Blasmusik-Song **„Ich kauf' mir lieber einen Tirolerhut"** die deutsche Hitparade. Da kannte ich mich aus, auch heute noch! Zu Beginn meiner Lehre schon mal die Nummer eins und ich damit fast über Nacht berühmt und so hatte ich meinen ersten Spitznamen: Billy Moh.

„Billy" rief Christa jetzt immer. Sie war die Chefin vom Verkaufstresen, darüber hinaus gut aussehend, freundlich und wachte über die Kasse, die sie von Hand mit einer Kurbel bediente, wenn die Beträge eingegeben waren. Um den Endbetrag für unsere Kunden zu ermitteln, musste Christa die schwarzen Tasten für Hunderter, Zehner und Einser, also die großen Beträge, und die zwei beigen Tasten für die Pfennige drücken. Das passierte immer dann, wenn wir nach einem Verkauf unser Bonbuch mit der entsprechenden Ware auf den Tresen legten. Das am Monatsende je nach Umsatz noch eine Verkaufsprovision fällig wurde, half mir nicht wirklich bei meiner schon damals chronischen Geldnot.
Das Geräusch, wenn sie die Kurbel betätigte und die Summe dann als weiße Zahlen rechts oben erscheinen ließ, vermisse ich manchmal bei Einkäufen in der Jetztzeit. Die grüne *Anker*-Kasse, übrigens gefertigt von einer Firma aus Bielefeld, und ihren Klang, wenn sie sich unter lautem Gerappel öffnet, kann man heute auch noch vereinzelt sehen und hören. Dann macht es immer „Bling" bei mir. Natürlich gab es auch noch eine zweite Dame an der Kasse zur Unterstützung, denn wenn Christa kassierte, packte sie die Ware so ein, als ob es ein Geschenk sei. Zwischen

die Jacken und die Hosen kam Seidenpapier, die Ärmel legte Sie so gekonnt und schwungvoll um das Sakko, dass man regelmäßig, wenn man danebenstand, einen leichten Windstoß verspürte. Danach kam ich wieder ins Spiel, denn wir Lehrlinge sollten die Kunden nach dem Bezahlen zur Eingangstür begleiten, ihnen die liebevoll verpackte Einkaufstüte beim Öffnen der Tür in die Hand geben, uns für den Einkauf bedanken und sie mit einem gekonnten „Beehren Sie uns bald wieder" in die damals gar nicht so hektische Welt entlassen.

„Billy,", rief Christa, „bring doch bitte den Anzug für Herrn Prof. Dr. Schneiderreit in die Oberstadt, hole ihn aber vorher in der Schneiderei ab, gehe ins Büro und lass dir eine Rechnung über den Anzug für den Professor ausstellen. Dann bringst du alles zu mir, damit ich dir den Anzug zum Mitnehmen einpacken kann." Augenzwinkernd sagte sie noch: „Kauf dir ein großes Eis vom Trinkgeld."

„Auf dem Weg zu Prof. Dr. Schneiderreit" –
Die schmalen Gassen der Marburger Oberstadt, 2015

Damit war „Billy" also fest zu meinem neuen Namen in dieser Zeit geworden. Alle riefen von nun an „Billy" und ich bin sicher, dass ich mit meinen traurigen braunen Augen und meiner noch sehr unbedarften Art so eine Art Welpenschutz hatte. Trotzdem musste ich schnell dazulernen, wusste doch eigentlich so gar nichts von der Welt, den Menschen und dem Leben, aber ich wusste, dass ich mich jeden Tag aufs Neue anstrengen müsste, um mithalten zu können. Es gab zu der Zeit schon verrückte Typen im Haus, so wie unseren Dekorateur Volker, der immer mit seinen Kamikaze-Aktionen für reichlich Aufregung sorgte, sodass es einem manchmal die Sprache verschlug. Ein Beispiel gefällig?

Es ging auf den Sommer zu, die Fenster brauchten einen bunten Look und Volker sollte einen gelben Vespa-Roller ins Fenster stellen, mit der neuen Sommermode dekorieren und wie immer gekonnt ins Bild bringen. Was wir aber nicht wussten, war, dass Volker keine oder wenig Ahnung von Motorrollern hatte, da die Vespas erst langsam in Mode kamen. Das Schaufenster schloss direkt an den Bürgersteig an und nicht mal ein ganzer Meter war Platz bis zur Straßenkreuzung, an der der Schupo den Verkehr regelte. Warum Volker die Vespa startete, um den Roller ein paar Meter weiter ins Schaufenster zu fahren, wusste keiner mehr so genau, aber urplötzlich rauschte er mit der Vespa auf direktem Weg durch die Scheibe und brach sich dabei ein Bein. Dem Schupo half zur Rettung ein rechtzeitiger Sprung von seinem fünfzig Zentimeter hohen Podest. Auch unser aller Treffpunkt, die Milchbar direkt gegenüber des renommierten Bekleidungshauses, blieb nicht verschont.

Mit 14 Jahren begann plötzlich mit voller Wucht, Kraft und Energie ein neuer Lebensabschnitt, denn die Beatles schenkten uns jungen Leuten von da an, ohne Vorwarnung, ein spannendes, rasend schnell vergehendes Jahrzehnt und wir fingen an, in ein anderes Leben einzutauchen. Mit „**Oh yeah I tell you somethin', I think you'll understand, when I say that somethin' I want to hold your hand**" brachen sie über mich und alle anderen herein und die Welt war nicht mehr so, wie viele es gerne weiter gehabt hätten. Pustekuchen. Wir waren jetzt dran und die Beatles waren der Motor einer Zeit, in der viele Dinge den Kinderschuhen entwuchsen. Die Band der einsamen Herzen lieferte uns acht Jahre einen verzauberten Rock`n Roll-Zirkus, der Familien aus dem Gleichgewicht bringen sollte.

„Was ist denn das für ein Hottentott? Das ist doch keine Musik, was für ein Geschreie", so oder ähnlich muss es in den damaligen bundesdeutschen Wohnstuben vonseiten der Erwachsenen geklungen haben. Bei uns war das auch nicht anders, aber so gemeinsam als Familie vor dem Radio, daran kann ich mich nicht erinnern, denn bei uns machte jeder so sein eigenes bescheidenes Ding. Dennoch war das Radio damals ungeheuer wichtig, es war unsere Verbindung zur Welt.

Aus dem *Grundig Röhrenradio Type 3010* ertönte mal nicht Freddy mit „**Junge, komm bald wieder**" oder „**Ich will 'nen Cowboy als Mann**" von Gitte. Auch Billy Mo, Rex Gildo, Wencke Myhre, Bill Ramsey, Heintje und alle anderen Verdächtigen schwiegen, denn da war plötzlich ein ganz neuer Sound. Tolle Stimmen und Rhythmus mit einer Eindringlichkeit, die einen den Kopf heben und, egal was man gerade tat, innehalten ließ. „**She loves you, yeah- yeah-yeah-she loves you-yeah-yeah-yeah**".
Aber es gab auch eine schöne Geschichte mit einer Familie aus der Nachbarschaft, nennen wir sie der Einfachheit halber Mustermann, und die saßen - Vater, Mutter, Oma und Tochter-,

jeden Abend gemeinsam vor dem Radio. Das hat sich etwa so abgespielt, nicht nur bei denen: Der Vater schaute seine Tochter ärgerlich an und fragte: „Sag nur noch, dass Dir so ein Gejaule gefällt?" Sie zuckte mit den Achseln, was in diesem Fall besser war, als die Wahrheit zu sagen. „Das sind doch diese Pilzköpfe aus England", sagte die Mutter, "die mit den langen Mähnen." Die Stimmung war mehr als gereizt und die Explosion stand kurz bevor. Da kam die Großmutter und bemerkte mit ihrer herzlichen Stimme: „Nette Jungs, diese Beatles, und singen können die auch." „Dieses Lied, wie heißt das noch gleich?" „**Yesterday**", half die Enkelin ihr. „Ja, ja, das ist es", sagte sie, „Einfach großartig!" Die Eltern schwiegen, die Beatles sangen.

In dieser Zeit brachte mich der Bus der Linie vier Tag für Tag, auch am Samstag, zu meiner Lehrstelle. Stolz stieg ich immer an der Hauptstraße ein, fühlte schon die große Vorfreude auf den alten Kasten, die Kollegen, den Duft der Stoffe, die weit gereist waren, und spürte für längere Zeit so etwas wie Verlässlichkeit von anderen mir gegenüber. Hier wollte mich jeder behalten. Der Bus hielt, die Ansage des Fahrers, wo man jetzt gerade war, kam nicht vom Band, sondern er sprach es unterhaltsam in sein Mikrofon, sodass jeder mal mit einem besonderen Gruß bedacht wurde. Ja, Zeit war immer für die kleinen und auch großen Dinge des Lebens und ich merkte, wir waren alle im Aufbruch, die Menschen um einen herum wurden bunter, fröhlicher und offener.
Zum Modehaus musste ich, nachdem der Busfahrer mich noch beim Ausstieg mit dem Satz bedachte: „Lass dich nicht von fremden Mädchen ansprechen, denn die wollen ja nur dein Taschengeld", noch etwas mehr als hundert Meter gehen. Armin Hary, unser damals bester Sprinter über 100 Meter, hätte nur ganze zehn Sekunden für die Strecke gebraucht. Bei mir dauerte

es erheblich länger, denn ich musste mir erst die Auslage, sprich die Schallplatten des Rundfunkgeschäftes ansehen, das direkt auf dem Weg auf meiner Straßenseite lag. Staunend stand ich vor der Beatles-LP „**With the Beatles**". Die Beatles sahen mich mit ihren in schwarz und weiß gehaltenen Köpfen selbstbewusst an und waren mir sehr nah, auch wenn uns eine Glasscheibe trennte. Als ich noch dort stehend so vor mich hinträumte, rief mich ein Kollege mit den Worten „Gib Gas, denn heute kommt neue Ware. Die muss ausgepackt, ausgezeichnet und in die Regale einsortiert werden." Dabei konnten mir die Beatles zwar nicht helfen, aber ein gesummtes „**All my Loving**" ließ die monotone Arbeit gleich leichter erscheinen.

Schnell machte ich mich auf die letzten Meter meines Weges. Kurz vor dem Eingang des Bekleidungshauses musste man noch an einem steinernen Löwen vorbei, der auf seinem Podest direkt in die Richtung der zu dieser Zeit üblichen Verkehrsregelung an unserer Kreuzung blickte. Der Schutzmann, der den Verkehr regeln sollte, stand auch auf einem Podest, allerdings mit dem Unterschied, dass dieser lebte, lustig war und einen Namen hatte. Er teilte sich den Dienst mit einem Kollegen und beide regelten an der engsten Stelle der Stadt nur mit Handzeichen, einem weißen Stock und einer Trillerpfeife den Verkehr. Die beiden mochten uns jungen Leute von gegenüber und wenn ich abends mit den Anzügen auf den Weg in die Oberstadt wollte und über die Straße musste, hielten sie auch schon mal den Verkehr an und zwinkerten mir spitzbübisch zu. Tagsüber konnten wir auch manchmal, hinter der Eingangstür des Geschäftes stehend, beobachten, wie ab und zu einer der beiden die Trillerpfeife ansetzte und wild gestikulierend runter vom Podest vor ein Auto sprang, um mit den Autofahrern auf Augenhöhe die Verkehrsregelung zu diskutieren. Ja, sie waren eine Autorität und hatten ohne Widerrede das Sagen. Manche Fahrer mussten sogar aus dem Auto aussteigen, um folgende lautstarke, für jedermann hörbare Frage zu beantworten: "Wo haben Sie denn ihren Führerschein gemacht, etwa auf dem Acker?" Um nach minutenlangem Flehen doch wieder ins Auto einsteigen und weiterfahren zu dürfen, mussten sie zunächst die Handzeichen des Schutzmanns mit dem weißen Stock erklären und durften ihr Auto erst nach Beantwortung aller Fragen und inzwischen völlig genervt wieder in Gang setzen. Wir Stifte lachten uns hinter der sicheren Scheibe der Eingangstür schlapp und spielten die Szene immer wieder untereinander nach.

An Weihnachten stapelten sich die Geschenke, hauptsächlich Schnaps, vor dem Podest des Schupos und die meisten wollten sich damit bedanken, dass sie irgendwie heil und unversehrt um diese tückische Kurve gekommen waren und dieses Jahr keinen peinlichen Anschiss bekommen hatten.

Es gab auch wilde und ungestüme Fahrer, die gar nicht so gerne gesehen waren, denn ab und zu mussten die beiden Schutzmänner um ihr Leben bangen. Diese Autofahrer hatten offensichtlich Schwierigkeiten, die enge Kreuzung zu überqueren und haben die tapferen Männer dann samt Podest schon mal umgefahren. Glücklicherweise ist es immer glimpflich abgelaufen, aber es war mitunter schon eine gefährliche Arbeit, die die Polizisten da ausüben mussten. Um die teuflische Kreuzung zu entschärfen, wurde in späteren Jahren der Platz umgestaltet, ohne mich zu fragen. Zu meinem Kummer wurde das geliebte Bekleidungshaus Bersch irgendwann abgerissen und dem Erdboden gleichgemacht - damit war diese Verlässlichkeit für immer verloren. Die Durchfahrt an der Kreuzung wurde verbreitert, der Löwe musste weichen und mir hat man mal einfach so einen Sehnsuchtsort in Schutt und Asche gelegt. Es sollte nicht der Letzte bleiben.

Immer noch Schutt und Asche seit 1970, Ich im Jahr 2015

First Love

„Schon wieder Schule! Hört das denn nie auf?" So muss ich wohl gedacht haben, als ich schwarz auf weiß anhand meines Stundenplanes, den mir mein Chef Wilhelm in die Hand drückte, erfuhr, dass meine Lehre mit dem wöchentlichen Besuch der Berufsschule verbunden war. Der erste Schreck verflog aber ganz schnell, als ich einige Tage später direkt vor der Eingangstür eines Neubaus stand, der bei uns Schülern später nur Palast hieß. Alles an dem Schulgebäude war neu und sauber, es hatte große Fenster und es wimmelte auf dem Schulhof nur so von jungen Menschen, die direkt vom sogenannten Wirtschaftswunder angezogen wurden wie Lemminge vom Meer. Wir stürzten uns zwar nicht von einer Klippe, aber hinein in die Menge. Jeder fand sofort Freunde, die man nicht nur in der Schule traf, sondern mit denen man gemeinsam die neue Zeit und deren besonderen Geist erlebte und die Schritte in eine andere Zukunft wagte. Die Lehrer waren auch anders. Sie waren jung, Fachmänner in den einzelnen Berufen und wir wurden das erste Mal ernst genommen und mit „Sie" angesprochen.

Juhu, es gab auch einen Fußballplatz direkt neben der Schule und auf dem spielten wir ab und zu gegen andere Klassen. Ich erinnere mich gut an ein Spiel gegen eine metallverarbeitende Klasse, bei dem ich zwei Tore schoss und unter lautem Jubel den ganzen Platz zurück bis zu unserem Tor herunterrannte. Als ich den Strafraum erreichte, lief das Spiel schon wieder und unser Torwart schrie mich an „Was machst Du hier?" Eigentlich war ich Stürmer, aber da unsere Mädels hinter unserem Tor standen, musste ich halt einen weiten Weg gehen, um ein paar flirtende Worte loszuwerden.

Hier fand ich auch meinen ersten richtigen Freund, wir gingen in eine Klasse und er fiel mir gleich auf, weil er immer Sinn für jeden Unsinn hatte. Darf ich vorstellen: Heiner, hoch aufgeschossen und die Haare zurückgegelt mit Rock`n Roll-Tolle, noch heute ein guter Freund und Stones-Fan. Er war der Sohn eines bekannten Marburger Möbelhauses in der Oberstadt und einfach ein dufter Typ. Ich mochte ihn sehr und staunte oft sprachlos und mit weit aufgerissenem Mund, was der schon so alles wusste und wie er sich ausdrückte. Für mich schien er total erwachsen. So wollte ich auch sein - ging aber nicht, denn ich war kleiner, mein Haaransatz mit dem Wirbel ließ keine Tolle zu und sprachlich hatte ich erst die Anfangsstufe der Bildungsleiter erklommen.

Gleich am Anfang unserer Freundschaft stellte er mir Christa, genannt Chris, vor, die ebenfalls im elterlichen Geschäft von Heiner ihre Ausbildung begann. Mein Freund und ich standen an einem Nachmittag nach der Berufsschule rauchend und Coca Cola trinkend vor dem Eingang einer Studentenkneipe, aus der laut die Musik der Rolling Stones zu uns drang. Heiner kannte und konnte den Text sicher, ich tat irgendwie so als ob und bewegte daher so gut ich konnte meine Lippen zu „**I want your love again, I know you find it hard to reason with me, but this time it's different, darling you'll see, you gotta tell me you're coming back to me**". Heiner schmetterte mir noch dreimal „**You gotta tell me you're coming back to me**" in mein Ohr und wenn ich heute den Song höre, sehe ich uns beide wieder vor dieser Tür stehen und spüre unsere damalige Lust auf ein anderes Leben.

Da kam sie, schon von weitem Heiner zuwinkend, und als sie dann vor uns stand, war es im selben Moment um mich geschehen. „Das ist Christa", sagte er, „und sie steht unter meinem Schutz", fügte er scherzhaft hinzu. Alle lachten und damit war unser Trio in der aufregendsten Phase dieser Zeit komplett. Christa war jetzt für mich Chris, das hatte ich aus irgendeinem Film mit Horst Buchholz. Sie wuchs als Kind wohlbehütet auf, kam aus gutem Haus und lebte in einer vordergründig heilen Welt fernab der bösen Stadt mit Jungs wie Heiner und mir. Sie war nicht nur bildhübsch, sondern hatte zudem ein umwerfendes gewinnendes Lachen und sah Angelika Meißner verdammt ähnlich. Angelika Meißner war die Dick vom *Immenhof*, in die ich lange Zeit total verknallt war. Ich trug ihr Foto, ausgeschnitten aus der *Bravo*, in meinem Portemonnaie, so wie Andere das auch mit ihren Film- oder Musik-Lieben machten. Angelika Meißner ist eine ehemalige deutsche Filmschauspielerin. Sie war ein Kinderstar des deutschen Kinos der Fünfzigerjahre. Die drei *Immenhof*-Filme mit ihr an der Seite von Heidi Brühl habe ich bis heute bestimmt bis zu 30 Mal gesehen. Das sitzt sehr tief und ist für immer eine schöne Erinnerung an meine erste imaginäre Liebe. Sie beendete abrupt ihre Schauspielerkarriere 1959, weil sich ihre Eltern wohl in Erwartung der hohen Gagen ihrer Tochter hoch verschuldet hatten. Angelika Meissner hat dem daraus resultierenden Druck nicht mehr standhalten können. Sie studierte danach und lebt heute in Kanada, ist aber schon in Berlin gesehen worden. Heute würde sie keiner mehr auf der Straße erkennen. Ich schon!

Angelika Meissner, 50er Jahre
Das Filmfoto wurde mit freundlicher Genehmigung des Deutschen Filminstituts-DIF e.V. zur Veröffentlichung freigegeben

Jetzt nahm Chris diese Rolle in meiner Geldbörse ein, aber sie wusste es noch nicht. Heiner hatte heimlich für mich ein Foto ergattert und das lange, fast drei Jahre andauernde Werben hatte begonnen. Wenn ich liebte, dann sollte es für immer sein. Das hatte ich mir fest vorgenommen, nein, das war klar. Dass man sich, indem man lebt, auch verändern konnte, kam mir nicht in den Sinn.

Da war ich also, der „Neubürger" Billy, als Dritter im Bunde, der noch nicht wusste, wer er war. Markant war meine Zahnlücke, der Anzug immer ein wenig reinigungsbedürftig und die Haare, wenn Sie zu lang waren, kräuselten sich am Wirbel und im Nacken. Alles in Allem ein guter Typ für die moderne Zeit, würde man beim Anblick eines bestimmten Fotos sagen, aber auch die Unreife und die Unsicherheit waren nicht zu übersehen. Wir sollten uns in den nächsten drei Jahren unser Leben teilen, sollten miteinander versuchen, erwachsen und selbstständig zu werden, so wie es halt möglich war im jeweiligen Umfeld. Unsere gemeinsame Zeit spielte sich immer außerhalb unserer Familien ab und für mich waren die Beatles aus Liverpool nun ein ständiger Begleiter. Sie sollten das Fundament meiner Kultur werden. Die große musikalische Liebe ist bis heute geblieben.

So wie im richtigen Leben später auch, hatte ich natürlich auch eine musikalische Geliebte und das war der krasse Gegensatz zu den Pilzköpfen: die Rolling Stones. Elvis war bis März 1960 gerade mal 100 Kilometer entfernt von mir als GI stationiert, was jedoch komplett an mir vorbeigegangen sein muss. Der Song **„Wooden Heart"** macht mir aber immer noch eine Gänsehaut. Dann sehe ich ihn wie auf den Bildern von damals mit seinem Seesack über der Schulter, seiner Uniform, ein Sergeant- Zeichen auf dem Ärmel und den Fans beim Abschied in Frankfurt zuwinken. Im Laufe der Zeit begriff ich die Bedeutung von Elvis für uns, denn ohne ihn wäre ich zu früh auf die Welt gekommen, da sich die Rockmusik dann sicher deutlich langsamer entwickelt hätte, was für mich eine musikalische Katastrophe gewesen wäre.

Elvis – handmade by Sandra Ehrler

„Danke, Elvis Aron Presley, dass Du, als ich erst vier war, Deiner Mutter eine selbst aufgenommene Platte schenken wolltest, man Dich im Studio entdeckte und Du ab da zum Motor des Rock 'n' Roll wurdest." Hätte er ihr ein anderes Geschenk gemacht, hätte die Welt sicher noch länger im Dornröschenschlaf gelegen und auch die Beatles oder die Rolling Stones hätte es so nicht gegeben. Später gab es noch regelmäßig, auch das gehörte leider zu meinem Leben, große musikalische Affären. Um die hier aufzuführen, bräuchte ich aber noch deutlich mehr Zeit und mit der Diagnose Lungenkrebs weiß man halt nicht so genau, ob die Zeit für alle reicht. Da bis jetzt schon ein großer Teil der Strecke bis zum Sieg über die Krankheit geschafft ist, gebe ich mal einen Tipp: „Von ABBA bis Zappa" - und sie alle waren immer treue Begleiter meines Weges.

Als Trio waren wir jetzt gemeinsam volle drei Jahre unserer Jugend unterwegs. Wir bewegten uns in den Zeiten des Wandels und des Aufbegehrens und ich lebte, so oft es mir möglich war, außerhalb meiner Familie. Es war ein aufregendes Leben und ich begann zu spüren, dass wir uns wandelten, entwickelten und furchtbar neugierig auf die Zukunft wurden.

Wir wollen niemals auseinandergehen, Das Filmfoto wurde mit freundlicher Genehmigung des Deutschen Filminstituts-DIF e.V. zur Veröffentlichung freigegeben

Wir trafen uns oft, gingen in den *Club E,* das Pendant zum weltberühmten Hamburger *Starclub,* hingen in der Milchbar ab und hörten Platten in einer der Plattenbars der Rundfunkgeschäfte. Da saß man bequem auf einem mit rotem Leder bezogenen Hocker an einer Theke, links und rechts konnte man jeweils einen Kopfhörer herausziehen und der Verkäuferin sagen, welches Stück man gerne angespielt bekommen würde. Unser Rundfunkgeschäft hatte hinter der Theke eine Wand mit unzähligen Fächern, die prall gefüllt waren und in denen das schwarze Gold, Singles und Langspielplatten, lagerte.

Da aber meistens die aktuellen Hits noch nicht in unserer Republik zu kaufen waren, nahm Heiner nächtelang alles für uns mit seinem mächtigen Tonbandgerät auf, denn die Platten gab es nur bei den Piratensendern zu hören. Die Piratensender hörte auch ich mit meinem kleinen rechteckigen Transistorradio, das einen Lederriemen und eine kleine Antenne zum Ausziehen hatte. Damit holte ich mir immer am Abend, schon im Bett liegend, das Radio am Ohr, die Welt ohne Umwege auf mein Kopfkissen.

Die Piraten, wir dachten am Anfang wirklich, es wären die sagenumwobenen Seeräuber mit Pistolen, Degen und Augenklappe, die wir aus den Filmen mit Douglas Fairbanks Junior kannten, spielten ohne Ende die aktuellsten Platten der gerade aufkommenden Beatmusik. Die Musik traf mich direkt ins Herz und ging mir von da an nicht mehr aus dem Kopf. Heute würde man sagen, da gab es was auf die Ohren, im wahrsten Sinne des Wortes, und zwar stundenrund. Die beiden Piratenschiffe Radio Caroline und Radio Veronika spielten als erste werbefinanzierte Rundfunkprogramme für junge Leute nach amerikanischem Vorbild, so wie der Sender AFN für die GIs, der zwei Jahre später von Frankfurt aus sendete. Nun wussten wir, die zum ersten Mal Soul und Bluesmusik hörten, endlich, woher die vielen Beatkapellen ihre Vorbilder nahmen.

Die heute noch existierenden Holländischen Sender lagen mit ihren beiden alten deutschen ausrangierten Feuerschiffen außerhalb der Dreimeilenzone in der Nordsee vor Anker und die für uns „richtige" Musik rauschte dann mit hohem Wellengang zu uns herüber. Nicht nur Heiner hörte es, sondern auch viele andere lagen so wie ich jede Nacht im Bett mit dem Radio am Ohr und hörten Musik, die so noch nicht im deutschen Radio zu hören war.

Chris, Heiner und ich liebten es, am Wochenende ins Kino zu gehen oder Musik in Heiners Jugendzimmer zu hören. Das befand sich in einer alten Marburger Villa mit einem großen Vorgarten. Heiner durfte und konnte eigentlich in seiner Freizeit machen, was er wollte, denn seine Eltern gaben ihm nicht nur finanzielle und berufliche Sicherheit, sondern auch ausreichend

Freiheit. So entwickelte er mit der Zeit immer mehr Selbstbewusstsein, wurde immer wichtiger für uns und nahm mich erstaunlicherweise ernst, obwohl ich in seinen Augen ein Greenhorn gewesen sein muss. Jahrzehnte später sahen wir uns wieder, als ich meine Tochter in der Stadt meiner Jugend besuchte. Glaubt es oder glaubt es nicht, aber es kam mir so vor, als wenn das Band unserer Freundschaft immer noch sehr stark war und das alte Gefühl des unvergesslichen Miteinanders in den Zeiten des Wandels war sofort wieder anwesend. Da wurde mir auf einmal klar, dass ich ohne seine tägliche Hilfe damals nicht so schnell hätte erwachsen werden können. Ich hatte ganz unbewusst ein Vorbild in ihm gefunden und seine lässige Art hatte mich unaufhörlich angesteckt. Gut, seine teuren Beat-Boots konnte ich mir zu der Zeit nicht leisten, den Gang in diesen unglaublichen braunen Halbstiefeln oder die Art, wie er seine Zigarette hielt, versuchte ich dann aber schon zu imitieren. Es gelang mir aber leider nicht so richtig, denn doch schon aufgrund seiner Körpergröße musste ich immer zu ihm aufsehen.

Dieser Heiner hatte nicht nur diese tollen Boots, sondern nannte auch eine Gitarre und ein Tonband sein eigen. Beim Betreten seines Zimmers gab es immer wieder Dinge zu entdecken, die ich beim letzten Besuch wohl übersehen haben musste, oder sie waren einfach neu. Bezeichnend für ihn war auch, dass innen an der Tür ein Poster angebracht war, auf dem man die ganze Welt mit dem Finger bereisen konnte. Er sprach über Länder, von deren Existenz ich bis dato keinen blassen Schimmer hatte, nahm sich aber auch die Zeit, mir die anderen Länder zu erklären, und fügte stolz hinzu, welche er mit seinen Eltern schon bereist hatte.

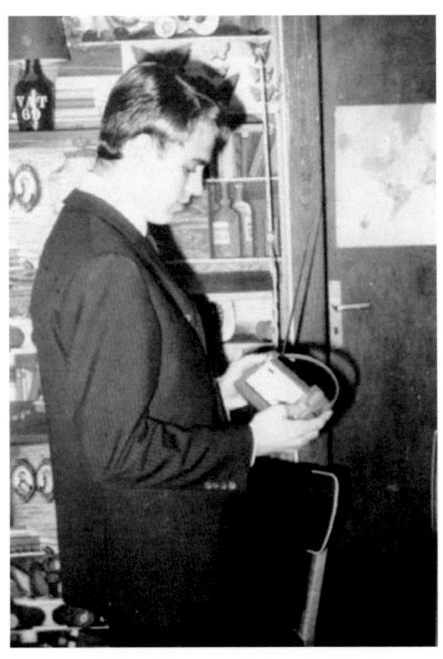

Ich als Teenager in Heiners Jugendzimmer, 60er Jahre

Italien war zu Beginn des Wirtschaftswunderlandes das angesagte Urlaubsziel vieler Familien. Heiner schwärmte vom Meer, das ich noch nie gesehen hatte, obwohl es die Menschen doch angeblich regelrecht anziehen soll. Auch Chris fuhr später mit ihren Eltern immer nach Riccione an der Adria. Das war nicht weit von Rimini, auch so einem Sehnsuchtsort der reichen Deutschen. Noch viel später versuchten mich die Eltern von Chris, sie war die einzige Tochter, damit aus dem Spiel zu bringen, indem sie mir berichteten, dass es in Italien einen Jungen gäbe, mit dem sich ihre Tochter regelmäßig schrieb. Hat nicht geklappt, aber trotzdem spürte ich das erste Mal so etwas, was man mit Eifer sucht. Wenn ich Urlaub hatte, das waren damals ja nur ein paar Tage, habe ich diese immer auf dem

Tennisplatz verbracht, jetzt nicht mehr als Balljunge, sondern als jugendlicher Spieler in einer der vielen Jugendmannschaften.

In den urlaubsfreien Zeiten, also fast immer, trafen wir uns meist nachmittags bei unserem Freund in seinem Zimmer mit der großen weiten Welt an der Tür und der leeren Whiskyflasche, auf deren schwarzem Etikett mit weißer Schrift *Vat 69* zu lesen war. Im Flaschenhals steckte eine Kerze und zum milden Schein der kleinen Flamme wurde auch manchmal musiziert. Heiner spielte, wie die meisten in der Blüte der Beatzeit, die Songs irgendwie nach und ich, obwohl ohne Talent, sang dazu. Der damalige Deutschlandfunk startete Mitte des Jahrzehntes einen Talentwettbewerb. Ja, das gab es schon immer. Nichts ist im 21. Jahrhundert wirklich neu und nahezu nichts annähernd so spannend wie die Dinge, die zu dieser Zeit stattfanden. An dieser Stelle, es wird das einzige Mal bleiben, akzeptiere ich keinen Widerspruch!

Nachdem wir **„Yesterday"** mehr schlecht als recht auf Band gebracht hatten, schickten wir die Rolle weg. Heiner war ein wahrer Freund, denn er brachte es wohl nicht übers Herz, mir zu sagen, als noch Zeit war, dass ich völlig talentfrei war, was zumindest das Singen betraf. So kam es dann auch, wie es kommen musste, dass wir einen Absagebrief erhielten, in dem es hieß: „Danke für Ihr Mitmachen, aber wir empfehlen Ihnen, einfach weiter zu üben." Aus heutiger Sicht war das doch sehr aufbauend, denn es muss grottenschlecht gewesen sein. Jeder wollte ein Star werden, Musik machen und seinen Vorbildern nacheifern. Auch das ist heute wie früher, nur anders.

Wohl auch genau in der Phase meiner kurzen aber lehrreichen Karriere als Beatsänger fühlte ich mich von Mal zu Mal stärker zu

Chris hingezogen. Ich begann die Begleitung von Chris zum und vom Bus auszuweiten, denn das gab mir wiederum Sicherheit und die für mich so wichtige Verlässlichkeit, wenn sie erschien. War sie krank, verreist oder hat sie mich wieder mal ausgetrickst? Das muss sie wohl sehr genervt haben. Morgens fing ich sie schon im Bus ab, wir fuhren mit der Linie 5 und abends brachte ich sie, wann immer es mir möglich war, wieder zurück zur Haltestelle. Das war Ritual und dauerte bis zum Ende der unbeschwerten Zeit – dazu nur so viel: „Was lange währt, wird endlich gut."

Beinahe Face-to-Face mit den Beatles

Es war im Jahr `66, als ich die Beatles fast in Marburg mit 17 Jahren gesehen hätte, denn nach der umjubelten *Bravo*-Blitztournee der „Fab Four" in München, Essen und Hamburg im Juni verbreitete sich in Marburg die sensationelle Nachricht, dass die Beatles nach Marburg kämen. Chris, Heiner und ich verkehrten, wie schon erwähnt, so oft wir konnten und genug Geld hatten, im *Club E*, dem damals einzigen Beat-Club in Marburg. Wer jung und musikbegeistert war wie wir, ging in den Beat-Schuppen am Steinweg Nr. 9. Es führte ein langer dunkler Weg nach unten und unten angekommen war es ebenso dunkel, bis man sich nach einiger Zeit dran gewöhnt hatte. Und einen Sitzplatz zu ergattern, musste man sehr früh kommen, aber das wollte man eigentlich nicht, denn man bewegte sich steif und hölzern vor der Bühne zu den heißen Rhythmen, was besonders auf mich zutraf. Woher sollte ich das aber auch können? Schön war es doch, viele Amis aus Gießen waren immer da und hielten Ausschau nach den blonden deutschen Mädchen. Manchmal auch mit Erfolg! Mein Glück, dass Chris nicht blond war.

Dann machte irgendwann das unglaubliche Gerücht die Runde, unsere Götter, besten Freunde und Ersatzerwachsenen würden zu einem Konzert in das damalige spießige Marburg kommen. Wie es zur Verbreitung dieser fast sensationellen Nachricht kam, darüber gibt es heute unterschiedliche Versionen, aber ich erinnere mich in etwa so daran: Als wir wieder abtanzten, ich halt wieder mehr schlecht als recht, sprang auf einmal ein gut gekleideter Mann auf die Bühne, es war September `66, und er schrie laut in die Menge, dass die Beatles zu einem Konzert nach Marburg kommen wollten. Man hätte derzeit Kontakt mit der Band, die angeblich ein Jahr später noch einmal nach Deutschland kommen wolle, und dass ein Zusatzkonzert in Marburg geplant wäre. Unfassbar! Die Menge johlte und später gingen wir ganz beseelt, pfeifend und Beatles-Lieder singend nach Hause. In dieser Nacht konnte ich kein Auge zutun.

Als ich einige Tage später mit den Kollegen im Pausenraum saß, gab mir Wolfgang, der kam auch aus der DDR, einen Artikel zu lesen. Die Tageszeitung der altehrwürdigen Stadt berichtete jetzt ebenfalls von dem geplanten Konzert im Frühjahr 1967. Nun war es amtlich und einen Tag später hingen schon überall in der Stadt die Plakate mit der Band. Jetzt mussten wir natürlich ganz schnell handeln, um die heiß begehrten Karten zu kaufen. Heiner und Chris hatten das natürlich wie immer Griff, aber ich musste wieder mal ganz schnell irgendwie von irgendwo her Geld besorgen.

Da kam mir gerade das Angebot eines bekannten Marburger Gastronomen recht, denn der bot mir an, ich könnte dreimal in der Woche in seinem Kellerlokal namens *Pferdestall* Platten auflegen. Das war zwar nicht erlaubt mit ´Sweet Sixteen´, aber der blonde und durchaus gebildete Wirt hatte wohl Spaß an jungen Jungen und umging regelmäßig das Gesetz. Verrückt nach Musik und den Beatles war ich ja und so wagte ich meine neue Karriere als Disc Jockey, um mir Karten für das Beatles Konzert zu erarbeiten. Eine Musikfrage sollte ich dann doch vorher noch beantworten, um mein Wissen zu bestätigen, denn ich hatte vorher ziemlich dick aufgetragen von wegen eigener Band und so. Er wollte wissen, wer wohl die ersten fünf Plätze in der deutschen Hitparade in dieser Woche belegte? Zwei sollte ich wissen, dann hätte ich ganz sicher den Job. Das war das Einzige, was ich ohne Lernen zu jeder Tages- und Nachtzeit wusste. Also zählte ich Ihm zwei der fünf von damals auf: Platz eins die Beatles mit „**Yello Submarine**", die Nummer fünf war das „**Supergirl**" von Graham Bonney. Also fing ich an, auch wissend, dass mein Vater mich mit den Worten Rumtreiber und ähnlichem beschimpfen würde. Das nahm ich aber in Kauf, denn es gab zehn Mark, die Getränke waren frei und ich durfte auch die neuesten Scheiben kaufen, um sie dann gleich am Abend zu spielen.

Ich erinnere mich an den ersten Song, den ich spielte, denn er war ein Wunsch eines verliebten Paares so im Alter von Chris und mir und der fing so an: „**I want to spend my life with a girl like you ba ba ba ba bah ba ba ba ba**".

Dreieinhalb Mal arbeiten und ich konnte mir auch eine Eintrittskarte kaufen. Unweit meiner Lehrfirma war das Rundfunkgeschäft, das sich den Vorverkauf exklusiv gesichert hatte. Ja, das war der Laden, wo man auch nachts Singles aus dem Automaten ziehen konnte. Auf meiner Eintrittskarte stand: 2. Deutschlandtournee der Original Liverpool Beatles, Reihe 18, Platz 16 in der Stadthalle. Die Freude darüber währte aber nur kurz, denn schon im Oktober 1966 erschien ein weiterer Artikel in der Oberhessischen Presse, in dem wegen Terminschwierigkeiten eine Verschiebung des Konzerts um eine Woche vom 17. auf den 24. März 1967 angekündigt wurde. Als Vorgruppe der Beatles wurde in diesem Artikel die bekannte Band "Herman's Hermits" genannt, die uns bei Liebeskummer musikalisch erlaubte, die ´Milch vor dem Hauseingang´ stehen zu lassen. Am Konzert gab es von da an keinen Zweifel mehr.

Wir machten in unserem Leben also weiter wie bisher. Chris fuhr meistens brav nach Hause, Heiner war mehr im Club als zu Hause und ich, ja, ich legte nachts Platten auf und immer wenn die Polizei zur Ausweiskontrolle kam, krabbelte ich unter das Plattenpult. Waren sie weg, ging es weiter mit meinem Slogan „Mach Schau". Aber Ende Oktober desselben Jahres gab es dann wieder einen großen Zeitungsartikel, der alle Beatles-Fans plötzlich und völlig unerwartet von Wolke 7 in den dunklen Keller des Beat Clubs fallen ließ. Was stand in der Zeitung, wer hat wem einen Bären aufgebunden? Also es muss sich wohl wie bei der Watergate Affäre abgespielt haben. Zwei Lokaljournalisten zweifelten schon seit einiger Zeit an der Glaubwürdigkeit der Protagonisten, die das Konzert managten, vermarkten und auch organisieren wollten. Kurze Rede langer Sinn, es war ein einfacher Anruf direkt nach London mit dem Management der Beatles, der Licht in das Dunkel bringen sollte. Aus London kam dann kurze Zeit später sogar die schriftliche Mitteilung, dass vonseiten der Band kein Auftritt in Marburg geplant sei und es auch keinerlei Verhandlungen in dieser Richtung gegeben hätte. Die Hauptakteure waren von da an nicht mehr im *Club E* zu sehen und mussten noch lange den Unmut von uns Fans über sich ergehen lassen.

Die Beschreibung dieser Episode wird mich immer daran erinnern, dass die Beatles beinahe nach Marburg gekommen wären.

John Lennon, gemalt von Hans Jürgen Geyer für mich, 1996

Fünfzig Jahre später lud mich Sandra in ihrer Heimatstadt Düsseldorf zu einem Live-Konzert von Sir Paul McCartney ein. Es war ein großartiges und berührendes Ereignis und endlich hatte ich zumindest einen der Beatles live und in Farbe gesehen. Und im Nachhinein, wenn man das Soundsystem und das Kreischen der Mädels von damals so in alten Mitschnitten sieht, bin ich heute eigentlich gar nicht mal so traurig, dass es damals nicht geklappt hat. Außerdem spielt Paul mit 70 Jahren mit bester Kondition drei Stunden ohne Pause am Stück und damals traten die Beatles gerade einmal nur knapp dreißig Minuten auf.

Sandy, Pauly und ich, 2016 live in Concert in Düsseldorf

So hat am Ende doch alles irgendwie sein Gutes, womit sich mal wieder ein altes indisches Sprichwort bewahrheitet: „Am Ende wird alles gut. Wenn es noch nicht gut ist, dann ist es noch nicht das Ende."

Was lange währte, wurde jetzt Wirklichkeit, denn Chris und ich wurden mit Heiners Segen ein Paar. Damit begann für mich die unaufhaltsame Abnablung vom Elternhaus und meinen Geschwistern. Das kam langsam und wurde von meinem familiären Umfeld als ungeheuerlich, undankbar und unverständlich angesehen. Es war mein letztes Jahr in Marburg und mit fast siebzehn wollte ich nicht nur mit meiner Freundin gehen, sondern nicht mehr von Ihrer Seite weichen. Wenig später wurde ich in ihre Familie eingeführt und sie kam im Gegenzug zu uns. Oh je, waren das Treffen. Aber in der Zeit absolut üblich, so wie das gute Kaffeegedeck, der obligatorische Streuselkuchen und die hilflosen Versuche der Erwachsenen, einen guten Eindruck zu machen. Die Eltern von uns beiden trafen nie aufeinander, denn unsere Beziehung war wohl nicht im Sinne der Familien, warum auch immer. Man beäugte mich, wenn ich bei Chris war, mit Misstrauen und sie fühlte sich bei uns einfach nicht wohl. Sie hatte in ihrem zu Hause ein eigenes Zimmer und bei uns waren wir halt immer unter Beobachtung. Was wir in meiner Familie als Kinder zu wenig oder gar nicht hatten, wie Liebe, Zuneigung und Lob, das bekam Chris im Überfluss.

Allem Unwillen zum Trotz brachte das Chris und mich immer enger zusammen. An den Wochenenden ab Samstag, denn um zwei Uhr waren die Läden zu und in der Stadt war bis Montagmorgen der Hund verfroren, war ich komplett bei Chris und erkämpfte mir langsam aber sicher einen Stammplatz in ihrem Revier. Das Revier lag außerhalb der Stadt und ich fühlte mich sauwohl, was an der ländlichen Umgebung lag. Chris wohnte mit ihren Eltern im Eigenheim mit Garten und kleinen Apfelbäumen, deren Früchte allerdings kleiner waren als die, die man auf dem Markt bekam. Gegenüber des Hauses, auf der anderen Straßenseite des kleinen Weges, wohnten Verwandte von Chris auf einem Bauernhof, der mich sofort wieder an meine Kindheit mit meiner Oma erinnerte, aber ich fühlte, dass das mittlerweile sehr weit weg war! Ich habe keine Erinnerung mehr an das letzte Jahr. Habe ich meine Oma noch einmal besucht? Haben wir uns geschrieben? War nur noch Chris wichtig und alle anderen Menschen in meinem Leben nur noch Randfiguren? Sicher war meine Oma für mich existent, ich dachte auch oft an sie und meine Kindheit mit ihr auf dem Hof, aber irgendwie hatten sich die Zeiten auch politisch geändert, denn der Kalte Krieg, der Beruf meines Vaters, ein erforderliches Visum und die zunehmenden Schikanen an der deutsch-deutschen Grenze machten Besuche zu keinem Vergnügen mehr.

Was machten wir dann also an den langweiligen Wochenenden? Heute treffen sich die Jugendlichen zum Skateboard fahren auf der Halfpipe, auf Inlineskates mit Musik auf dem Kopf durch die Straßen kurvend, aber wir fuhren in unserer Jugend auf Rollschuhen die frisch geteerten Straßen rauf und runter. Es spielte keine Rolle, dass wir keine Schützer für Knie, Handgelenke, Ellbogen oder gar Helme hatten, um uns zu schützen, denn man fuhr noch auf ebenen Straßen und die Autos waren ja noch nicht in der Überzahl.

Die Milchbar, das *Rex*-Kino, spazieren gehen an der Lahn, Musik hören bei Chris oder Heiner zu Hause, zum Fußball gehen, gemeinsam Tennis spielen, Fernsehen oder auch mal Lernen für unsere Abschlussprüfungen waren die wenig aufregenden Zeitvertreibe der letzten Monate des Sommers ´67, in dem das legendäre Konzeptalbum der Beatles mit dem ´Feldwebel Pfeffer´ drei Monate von Juli bis Oktober die deutschen LP-Charts anführte. Und kurz darauf summte jeder: „**If you're going to San Francisco, be sure to wear, some flowers in your hair**". Da wurde es für mich Zeit zu gehen, denn ´böse Menschen haben keine Lieder´ - ich war wohl ein guter, denn ich ging mit einem Lied im Kopf.

Sag` beim Abschied leise Servus, Marburger Idyll 2015

Erwachsenwerden als Bürger in Uniform

Nach überstandener Lehre als Verkäufer, übrigens mit befriedigend, und einem halben Jahr als Geselle, rückte der Dienst an der Waffe auch für mich in greifbare Nähe und ich kam zur Bundeswehr. Das geschah allerdings nicht ganz freiwillig, denn mein Vater, der Berufssoldat, wollte der Einberufung zuvorkommen und füllte daher für mich, für ganze vier Jahre, einen Antrag als Zeitsoldat aus. Damit war es amtlich und ich weiß bis heute nicht, ob meine Unterschrift auch auf dem Papier nötig war. Ehe ich mich versah, war ich engagiert.

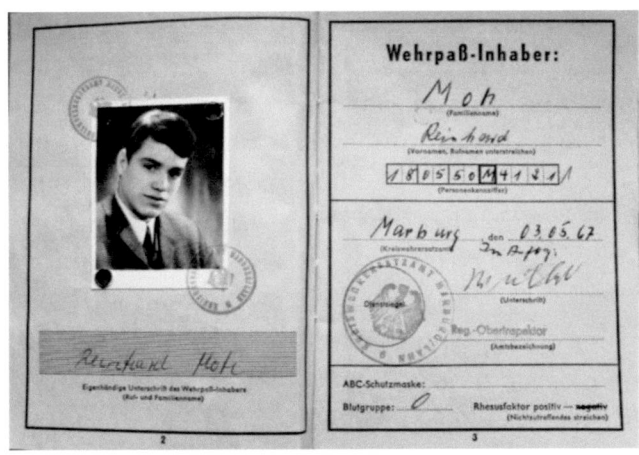

Mein Wehrpass zum Eintritt in den Dienst, 1967

Später und besonders heute muss ich gestehen, dass mir nichts Besseres hätte passieren können, denn das Glück hatte mich mal wieder links und rechts mehr als freundschaftlich geküsst und meinem noch jungen Leben einen neuen Drive verpasst. Wahrscheinlich war es wegen der schicken Uniformen oder dem Protest gegen meinen Vater, der nur beim Heer war, dass ich zur

Luftwaffe wollte. Diese Wahl der Waffengattung sollte sich mehr als auszahlen, was sich aber erst drei Monate später zeigen sollte. Doch vorher gab es noch die sogenannte Grundausbildung, die als harte Zeit berühmt und berüchtigt war.

Für mich hieß das drei lange Monate allein auf der Schwäbischen Alp in einer Kaserne tagein, tagaus, abgeschottet von der Außenwelt, zu verbringen. Wer da schon mal hoch oben auf der Alp war, weiß, wie kalt es da nachts werden kann im freien Gelände. Da waren wir oft, meist marschierten wir sinnlos durch die Gegend, damals immer mit dem Soldatenlied „**Oh du schöner Westerwald**" befohlenerweise auf den Lippen. „**Heute wollen wir marschier'n, einen neuen Marsch probier'n, in dem schönen Westerwald, ja da pfeift der Wind so kalt. O, du schöner Westerwald**", klang es mächtig aus den Kehlen unseres Zuges meist nachts auf dem Weg zum bewachten Nachtlager, dem sogenannten Biwak. Für mich war es nicht unbekannt, sich in der eisigen Kälte nackt zu waschen und nachts in einer Scheune oder im nassen Zelt zu übernachten, denn dieses ursprüngliche Leben kannte ich ja schon als Kind vom Leben mit meiner Oma auf dem Bauernhof.

Wenn man zurückkam, ging es mit dem Saubermachen der nassen und völlig verdreckten Klamotten und der Reinigung unserer Gewehre weiter. Abendessen gab es erst, nachdem die Ausbilder unsere Stuben und Spinde kontrolliert hatten. Es war immer das gleiche Ritual. Sobald sie unsere Stube betraten, musste einer von uns laut „Achtung!" schreien, Hacken zusammenschlagen, rechte Hand an die rechte Schläfe zum Grüßen legen und mit lauter Stimme verkünden, wo wir waren und wer sonst noch so mit von der Partie war. Vereinfacht hieß es dann, möglichst ohne sich zu verhaspeln: „Stube 245; mit fünf

Mann belegt." Ging der Kelch des Nachputzens an uns vorüber, konnten wir endlich in die Kantine, um Essen zu fassen.

Auch das Säubern der Flure, Toiletten, Duschräume, das Müllsammeln auf dem Kasernengelände und nachts unsanft mit einer Alarmübung aus allen Träumen und dem Bett geworfen zu werden gehörte zum täglichen Drill. Jetzt konnte ich auf die hervorragende militärische Ausbildung meines Vaters zurückgreifen und dachte mir so, alles war wohl doch nicht für die Katz. Erinnerungen machen ja den größten Teil des Lebens aus und so erinnere ich mich genau, als wäre es vor nicht allzu langer Zeit gewesen, wie es war und wie ich mich fühlte.

Heimreisen gab es nicht, aber ich genoss es sogar, dass ich so allein für mich sein konnte, bis auf die Tatsache, dass ich statt mit meinem Bruder ein Zimmer jetzt mit acht anderen die Stube teilen musste. Das störte aber wenig, denn wir waren sowieso abends immer mit uns und der Welt fertig und man fiel sozusagen tot ins Bett.

Hin und wieder gab es auch mal Ausgang und wir durften die Oberschwaben-Kaserne vor den Toren der kleinen Stadt Mengen für ein paar Stunden verlassen. Dann trabten wir los und machten den Ort ein wenig sicherer. Oder war es umgekehrt? Lustig war jedes Mal, dass wir an der Wache kontrolliert wurden, ob wir ein Taschentuch, einen Kamm und zwei Groschen bei uns hatten. Nun die Quizfrage: „Wofür den Kamm und das Taschentuch?" 20 Pfennig sollte man dabeihaben, um in der Kaserne anrufen zu können, das macht Sinn. Der Kamm ist auch irgendwie klar, aber das Taschentuch? Die einzige sinnvolle Funktion wäre wohl die, dass man beim Abschied von seiner Geliebten am Ort auch sichtbar winken konnte. Noch heute werden aus dieser alten Tradition tausende von Taschentüchern in Stierkampfarenen geschwenkt. Wer jetzt lacht, der hat einen guten schwarzen Humor. Wie gesagt, nach Hause durfte man damals üblicherweise nicht, aber hatte ich eigentlich ein zuhause? Meine Geschwister waren noch am Schwanhof und alle warteten auf ihre Abnabelung, aber das dauerte noch bis zu ihrer Volljährigkeit.

So, jetzt rechne ich mal wieder. Mit sieben bin ich in die Familie gekommen und mit gerade mal 18 Jahren war ich schon wieder weg. Also war ich nur ein Jahrzehnt im Verbund der Familie. Die Zeit war einfach zu kurz, um ein stabiles Fundament als Basis für zukünftiges Benehmen, Verhalten oder Entscheiden im gerade erst auf Touren kommenden Leben zu bilden.
Chris und ich waren seit einiger Zeit, nach jahrelangem Werben, ein Paar, also damals hieß es ja noch, „wir gingen zusammen" und die Dick vom *Immenhof* war aus meinen Träumen verschwunden. In dieser Zeit war der Lebensweg mit der Lehre, der Bundeswehr, Arbeiten, Heiraten, Kinder bekommen und mit 65 Jahren in den Ruhestand gehen klar vorgegeben und an der Tagesordnung. In meinem und im Denken von Chris war das auch so. Wir kannten es nicht anders, aber leider bot die Autobahn des Lebens noch eine Menge Ausfahrten, die besonders mich vom geraden Weg abbringen sollten. Aber dazu später mehr.

Jetzt hatte ich die erste Stufe der Bundeswehr genommen und die nächste wartete schon auf mich. So packte ich meinen Seesack und wurde zum Bahnhof in Mengen gefahren, von dem es durch die ganze Republik des Landes bis in den hohen Norden ging. Vor der Abfahrt, ich war in Uniform, öffnete ich noch ein

Fenster und winkte wie Elvis in die Menge, die natürlich fehlte, aber ich fuhr noch auf der „geraden Spur" des Lebens.

Die Fahrt mit dem D-Zug führte mich über Ulm, Frankfurt, Oldenburg, Wilhelmshaven und von dort war es nicht mehr allzu weit bis zum Ziel. Das letzte laute Zischen der Dampflok sagte mir, jetzt war ich endlich da. War es schon der Ort, an dem ich wieder durch eine neue Tür gehen sollte? Das wäre jetzt schon das dritte Mal in so kurzer Zeit.
Der Halt hieß Jever, hoch im Norden. Es war gegen Mitternacht und ich hatte den weiten Weg von der Schwäbischen Alb bis zur Nordseeküste nun endlich geschafft. Harte drei Monate Grundausbildung lagen hinter mir, in denen ich meinen Vater mehr als einmal für seine Unterschrift zum Teufel gewünscht hatte. Heute bin ich ihm dankbar, denn ich kam rum, sah was vom Land, in dem ich lebte und später lieben lernte. Wichtiger aber war, dass ich dadurch Erwachsen werden musste. Na ja, ob das mit dem Erwachsenen werden wirklich so geklappt hat, da bin ich nicht sicher, aber ich wurde in der Fremde selbstständiger. Hatte ja keine Wahl!

Mit einer beachtlichen Verspätung von über drei Stunden, ja, das gab es auch damals schon, hatte ich einen halben Tag im Zug verbracht, das Land im Winter gesehen, mit vielen Menschen sprechen können und die ganze Fahrt über war ich stolz auf meine neue blaue Uniform. Ich hatte meine bisherige Arbeitsuniform, Anzug und Krawatte, gegen die Uniform der Luftwaffe, die schnittig war und richtig was hermachte, getauscht und fühlte mich unglaublich frei, denn dies war der Aufbruch aus meinem alten in ein vollkommen neues und unbekanntes Leben als „Bürger in Uniform". Wenn ich mich heute dran zurückerinnere, ist es wieder da, dieses Gefühl, ein

Glückskind zu sein, denn dann ging irgendwie auf einmal alles wie von selbst.

„James Dean", alias mein Fahrer, wartete im Bundeswehr-Jeep wegen der schon erwähnten und nicht unwesentlichen Verspätung schon lange vor dem Bahnhof auf mich und war völlig anders, als wir bisher Soldaten mit einem oder mehreren Streifen auf der Uniform kannten. Ich kam allein an, mitten im Winter, und hatte noch keine Streifen am Ärmel. Flieger war mein Dienstgrad, aber dem Fahrer mit den zwei Streifen war das egal. Der Obergefreite war locker, trug das Hemd offen und hatte die Kippe lässig im Mundwinkel hängen. „Steig ein Kamerad, du bist spät, es ist kalt und ich hab' Hunger." Das war so ein Typ junger Mann, der glatt als Jimmy Dean durchgegangen wäre. Jimmy, das Jugendidol, starb schon viel zu früh zwölf Jahre vor meiner Ankunft in Jever, bei einem Autounfall mit seinem silberfarbenen *Porsche 550 Spyder*, ohne eigenes Verschulden. Er spielte sich im Film immer selbst, Zigarette im Mundwinkel, störrisch und voller unterdrückter Gefühle. Nur verständlich, dass mein Fahrer auch so wirken wollte. Mein Faible für Jimmy, seine Filme und seine lässige Art entwickelte ich aber erst viel später. Wie gesagt, ich war ein Spätzünder, doch Natalie Wood, eine seiner Filmpartnerinnen, hätte auch große Chancen auf mein Portemonnaie gehabt.

Sollte ich nach drei Monaten schon wieder in eine andere Welt katapultiert werden? Das fragte ich mich auf der Fahrt vom Bahnhof, der völlig im Dunklen lag, und ließ einigen Gedanken, die mir schon die ganze Zeit im Kopf herumschwirrten, freien Lauf, während der deutsche Jimmy Gas gab Richtung Fliegerhorst. Während wir auf nassen Pflastersteinen die Straßen entlangfuhren, hatte ich so eine Ahnung, dass die kommende Zeit spannend, aufregend und wild werden könnte. Die kleinen und engen Straßen in Ostfriesland wurden nur von wenigen schwach flackernden Straßenlaternen beleuchtet und ich ahnte im Voraus, dass die nächsten Jahre schmerzliche Erfahrungen für mich und andere mit sich bringen würden.

Mir war klar, dass es einer wie ich, mit wenig Bildung, schwacher Ausbildung, ohne Selbstbewusstsein und wenig Selbstvertrauen, sensibel bis über beide Ohren und immer auf der Suche nach Verlässlichkeit, es aller Voraussicht nach sehr schwer haben würde im zufällig zusammengewürfelten Haufen vieler junger Männer mit unterschiedlicher Herkunft und Bildung. Da musste ich dann wohl Gas geben und die Augen und Ohren offenhalten, um den großen Rückstand aufholen zu können, denn sonst würde man untergehen. Die meisten waren ja nach 18 Monaten wieder weg, aber ich hatte ganze vier Jahre vor mir!

Fing hier wohl die zweite Abnabelung aus dem bisherigen Leben an? Hätte ich das rechtzeitig bemerken müssen, den Blinker setzen, auf den Standstreifen der Autobahn wechseln und sofort anhalten sollen? Aber wie hält man einfach so an, wenn man mit durchgedrücktem Gaspedal fährt? Mein Fahrer tat das gerade auch nicht. So aber habe ich einige Zeit später nur gestaunt, mit offenem Mund danebengestanden und es laufen lassen, das schöne Leben. Jeden Tag entdeckte ich neue Sachen, Filme, Musik, Bücher, oder ich hörte von Menschen, über die andere Menschen mit Respekt redeten, weil Sie mit dem, was sie sagten oder taten, einen großen Einfluss auf die Welt hatten.

Chris habe ich, die ich, noch während der Bundeswehrzeit geheiratet habe, später die Möglichkeit genommen, ihre eigene Abfahrt zu nehmen. Auch sie wollte ja nichts weiter als auch hinaus in die Welt, weg vom spießigen Elternhaus und ihrer dominanten Mutter. Das wurde mir aber leider erst sehr viel später bewusst. Sie wollte es gemeinsam mit mir schaffen und das hätte auch geklappt, aber ich habe ihr meine Hilfe verweigert und sie im Stich gelassen. Mehrmals hatte ich die Möglichkeit, wie auf hoher See, das Ruder noch einmal herumzureißen, aber ich war wie gelähmt. Hätte ich doch bloß mit ihr über uns, die Zukunft und meine Ängste reden können. Es wäre aus heutiger Sicht einfach gewesen, aber im Moment der sich abzeichnenden Tragödie kam es mir wie ein Hindernis vor, dass ich nicht überwinden konnte. Panische Angst trieb mich immer weiter weg, sodass es keinen Ausweg zu geben schien. Zurück blieben zwei Menschen, deren Leben ohne mich glücklicher verlaufen wäre, hätte ich nur rechtzeitig die rasante Fahrt ins Ungewisse beendet. Aber die Frage, ob ich wieder in eine andere Welt katapultiert werden würde, konnte ich kurz vor der Ankunft im Fliegerhorst noch nicht beantworten. Eine Woche später tat ich das mit einem klaren Ja und drei Ausrufezeichen!!!

Der Fliegerhorst lag direkt vor uns. „James Dean" alias Obergefreiter Sven Hofmann legte, so wie sein Vorbild, zwei Finger an die Stirn und wie von Geisterhand öffnete sich die weiß-rote Schranke. Meinen Ausweis wollte keiner sehen und es ging weiter durch den Horst. Heute noch sehe ich die alten Baumbestände, an denen wir vorbeifuhren, wie sie im Wonnemonat Mai ihre schönsten grünen Kleider anzogen, um uns im Sommer in unseren Unterkünften genügend Schatten zu spenden. In der Mitte der Kaserne angekommen, fielen mir sofort drei Tennisplätze auf, die von einem dunkelgrünen Zaun und grünen Sichtblenden eingebettet und von vielen Bäumen umgeben waren. Da schlug mein Herz schneller und mir war sofort klar, dass ich als guter Tennisspieler so einige Privilegien beim Bund haben würde - und so sollte es auch kommen.

Ehe ich mich versah, befanden wir uns in der Waffenschule 10 der Luftwaffe im Forst Upjever, rund vier Kilometer südlich der Stadt Jever gelegen, und natürlich bekam ich eine Einzelbude mit Fernseher, durfte im Offizierskasino essen und mit dem Kommandeur Tennis spielen und irgendwie war ich, ohne es ausdrücken zu können, schon schnell hoffnungslos in meiner eigenen egoistischen Welt verloren.
Dass ich die durch die Bank weg absolut verrückten *Starfighter*-Piloten, die gerade aus Texas zurückkamen, mit Lederjacken, Pilotenbrillen und schicken Fliegeruhren ausrüsten durfte, tat sein Übriges. Die spielten dann auch noch Tennis, ziemlich gut, später dann sogar mit mir und zwei weiteren Freunden aus dem Dorf in einer Mannschaft.
Alle mussten mit der *F-104* fliegen und das war damals wahrlich nicht ungefährlich. Einige Freunde kehrten nicht mehr zurück und die Trauerfeiern auf dem Fliegerhorst wurden fast zur Gewohnheit. Aber dazu später etwas mehr. Diese Zeit, mit all den vielen tollen Menschen, die Kinofilme (ja, wir hatten auch ein Kino), die Flower Power-Zeit, das Woodstock Festival mit „3 Days of Peace and Music", die Studentenunruhen, das letzte Konzert der Beatles 1969 auf dem Apple Dach in London und vieles mehr in dieser Zeit hatten mich nun endgültig aus der Bahn geworfen.
Ja, es gab auch ein anderes Mädchen zum Ende der Dienstzeit und da war auch die Zeit der Unschuld und bedingungslosen Treue vorbei. Es tat mir weh und die Scham war groß, sodass ich es auch keinem erzählt oder gar gebeichtet hätte. Es wurde von da an immer wieder eine Suche nach einer reinen Beziehung auf Lebenszeit, aber das ging voll daneben. Suchen kommt ja von

Sucht und die Sucht nach Liebe und Anerkennung führte wohl später häufiger zu Irrtümern in meinen Beziehungen. Heute ist meine Beziehung zu meiner Freundin schon über 15 Jahre alt und ich habe nach all den Jahren meine Ideale, aber auch das Glück, wiedergefunden. Es war eine harte verlustreiche Schlacht auf dem Weg dahin, aber manchmal glaube ich, dass es so sein musste.

Vorher passierte noch eine Menge und es begann mit: „Hurra, hurra der Jockel ist wieder da". So schallte es vor dem Eingang unserer Unterkunft im Fliegerhorst und alle Fenster gingen auf. Beifall brandete auf, Jochen aus Hannover hatte es mal wieder geschafft, eine Minute vor dem Zapfenstreich da zu sein. Er fuhr so einen alten VW mit Brezelfenster und hätte es mal wieder nicht rechtzeitig geschafft, wenn er nicht immer direkt vor dem Aufgang zum Eingang, was natürlich verboten war, gehalten und das Auto fluchtartig verlassen hätte. Es ging jetzt um Sekunden, um rechtzeitig auf der Stube zu sei. Ihr erinnert Euch? „Stube mit…".

Der UVD (Unteroffizier vom Dienst) parkte das Auto dann, sodass der OVD (Offizier vom Dienst) es nicht mitbekam. Selbst hier, mit so vielen jungen unterschiedlichen Menschen, gab es Solidarität. In der Woche robbten wir mit Jockel durch den Matsch und reinigten unser G3, das Frau von der Leyen jetzt aus dem Verkehr zieht, weil es wohl nicht genau genug ist. Jetzt, erst heute, ist mir klar, warum ich meine Ziele bei den verschiedenen Übungen weit verfehlt hatte. Noch weiter ging nicht und vom Rückstoß bekam ich regelmäßig blaue Flecken. Jockel nahm es mit Humor und sagte kurz und trocken: „Vorbei ist auch daneben."

An jedem Sonntagabend immer wieder das gleiche Ritual: „Hurra, hurra, der Jockel ist wieder da." Es war ein trüber Novembertag, wieder an einem Sonntag und der Jockel war plötzlich nicht mehr da. Er war verunglückt auf glatter Straße und nie wieder hörten wir den Jockel rufen: „Ich bin wieder da." Das war der Tag, an dem mir bewusst wurde, dass das Sterben zum Leben gehört. So was vergisst man nie und wenn ich Jockel mal im Himmel treffe, werde ich ihm laut zurufen: „Hurra, hurra, ich bin jetzt auch schon da!"

Fünf Tage in der Woche lebte ich fast ein eigenes Leben als Soldat mit dem Wäsche- und Essensservice und anderen Annehmlichkeiten eines Drei-Sterne-Hotels, denn bei der Luftwaffe, besonders bei den Fliegern, war das völlig normal. Sport stand täglich auf dem Dienstplan und Tennis kam bei mir noch zusätzlich ins Programm. Fast jeden Morgen nach dem Frühstück ging es erst einmal in die Kantine, die schon um Sieben Null Null rappelvoll war. Dort fingen wir schon mal mit Spezi und Frikadellen an. Lecker, so früh am Morgen. Für mich war aber nur die *Rock Ola Empress 200*, eine tolle Musikbox mit Panoramafenster, in der man die Singles noch sehen konnte, interessant. Zu der Zeit kostete ein Song 20 Pfennig. Ich drückte regelmäßig A5 und kurz darauf ging es mit "**Feel I'm goin' back to Massachusetts, something's telling me I must go home, and the lights all went out in Massachusetts**" los. Dann ging man, das Lied noch im Kopf, zum Dienst und freute sich schon auf die Piloten, die mal wieder eine Menge Sonderwünsche haben würden.

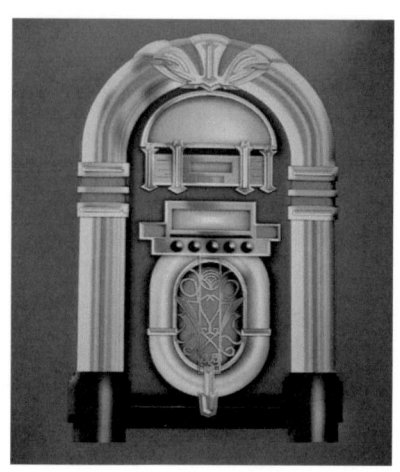

Die legendäre Jukebox

Sie liebten ihre „Good Old One-O-Four", die von der Außenwelt zynisch der „Witwenmacher" genannt wurde. Ihre Liebe gehörte dem *F-104 Starfighter*. Die *F-104* bestimmte zum großen Teil während der Dienstzeit den Tagesablauf von mir und vielen lieb gewonnenen jungen Menschen, die als Piloten den fliegenden Sarg in die Lüfte bewegten. Trotz allem hatten sie eine innige Liebe zu dem Düsenjäger entwickelt. Die Piloten liebten den schmalen Jet, wohl auch, weil er vom Mann im Cockpit alles forderte. Zu oft sogar ihr Leben. „Die tollkühnen Männer in ihren fliegenden Kisten" hießen Sie respektvoll bei uns allen, anlehnend an den Film aus dem Jahre 1965.

Unser heute entwidmeter Fliegerhorst (Hoheitsakt zur Statusbeendigung einer öffentlichen Sache) wurde die erste Anlaufstation der Piloten, nachdem sie zuvor die Grundschulung in den USA besucht hatten. In Jever wurde die sogenannte Europäisierung, also die Ausbildung im europäischen Luftraum, durchgeführt. Die Piloten erzählten mir, dass sie sich an das „shit weather" in Germany gewöhnen sollten. Wie sich bei späteren Abstürzen herausstellte, war das auch bitter nötig. Ihre erste Station auf dem Horst war die Bekleidungskammer und ich hatte wieder mal das große Glück, die verrückten, lebensfrohen und total sympathischen jungen Männer einzukleiden. Die graue Fliegerjacke, der Helm oder die tolle Uhr hatten schon damals nicht nur den Materialwert, sondern der ideelle Wert war enorm. Natürlich ging auch das ein oder andere Teil in den grauen Markt. Sehr beliebt war auch die orangerote Fliegerkombination. Warum orange und nicht auch grau erklärten mir die Piloten damit, dass die bunte Kluft für den Fall, dass sie über See aus ihrem *Starfighter* springen müssten und sie in Seenot gerieten, ihr Leben retten könnte. In Farbe wäre sie auf dem Meer besser als in ihrer mausgrauen Kluft auszumachen. Sie beklagten sich immer bei mir, dass die Oberen argwöhnten, sie würden in den knalligen orangenen Overalls nur "angeben" wollen, und äfften sie dabei herablassend nach.

Wie immer im Leben musste erst ein Unglück geschehen, bis die neuen Fliegerkombinationen an die Einheiten der Luftwaffe und der Marine ausgeliefert wurden. Damit konnte ich dann die Piloten neu einkleiden, aber für den Oberleutnant Siegfried Arndt, 33 Jahre alt, kam das leider zu spät.

Der Oberleutnant musste damals zehn Seemeilen nördlich von Helgoland aus seinem *Starfighter* aussteigen. Seitdem galt er als verschollen. Suchschiffe und Flugzeuge kurvten zwei Tage ergebnislos auf und ab über der Nordsee. Das Küsten-Minensuchboot *Düren* schleppte an seiner Schraube Fetzen eines Fallschirms ohne Gurte in den Helgoländer Hafen. Die *Düren* hatte den Flieger in Grau übersehen und mit der eigenen Schiffsschraube zerstückelt. In grauem Dress waren Piloten im Meer absolut unsichtbar.

Das Leben ging weiter und es kamen regelmäßig Flugschüler aus Texas nach Jever. Die mussten erst einmal zu mir. Wir hatten jetzt nach zwei Jahren einen Tennisverein im Fliegerhorst und mit den neuen Piloten gab es immer Sparringspartner für mich und Oberst Pieper, unseren Kommandeur. Die „Teufelskerle" spielten so, wie sie in ihren Maschinen flogen, immer draufgängerisch und vor allen Dingen ohne Angst.

Da war es wieder, das sprichwörtliche Glück, denn welcher Zeitsoldat spielte schon während seiner Dienstzeit mit Düsenjäger-Piloten, Spielern aus dem Ort und dem Kommandeur in einem Team Tennis.

Nach den Medenspielen (Meisterschaftsspiele der Herren beim Tennis) gab es noch einen weiteren Höhepunkt: die gemeinsame Teilnahme an dem damaligen TV Quotenhit *Spiel ohne Grenzen*. Wir hatten das Glück zum Kader der Stadt Jever zu gehören. Unser Gegner war die Nordfriesische Stadt Leck, die auch Piloten in ihren Reihen hatte. Bei dem TV-Event traten Kleinstadtmannschaften gegeneinander an. Meist mussten die armen Teilnehmer Laufen, Springen, Rutschen und andere Spiele über sich ergehen lassen. Die meisten aber stolperten tollpatschig durch die berühmte Schmierseife! Dafür gab es dann Punkte, oder auch nicht. Jever verlor und dadurch, dass ich nicht zum Einsatz kam, blieben wenigstens meine Sachen trocken.

Der Alltag mit den Piloten und ihren Maschinen konnte aber auch so aussehen: Die Maschine der Luftwaffenschule 10 in Upjever geriet beim Landeanflug außer Kontrolle. Sie streifte Bäume auf der Kirchwarf in Sandel und stürzte dann auf ein freies Feld. Offenbar hatten mehrere Faktoren zu dem Absturz geführt. Die Maschine flog beim Landeanflug auf Upjever bei dunstigem Wetter zu tief, die Piloten reagierten zu spät und wurden möglicherweise von der Anflugkontrolle auch zu spät gewarnt. Der Pilot kam ums Leben und der Kopilot, der Fluglehrer, rette sich mit dem Schleudersitz. So wurde der Name „Sargfighter" zu einem weiteren und leider allzu treffenden Ausdruck für die „Good Old One-O-Four".

Die „Good Old One-O-Four" vor dem Fliegerhorst in Jever

Szenen einer zu frühen Ehe

Chris und ich heirateten im März `70, ein Jahr vor Ende meiner freiwilligen Dienstzeit bei der Luftwaffe. Den Bund der Ehe zu schließen war damals gar nicht so einfach, denn ich war zwanzig und vom Gesetz her nicht volljährig. Deshalb musste ich erst einmal eine eingehende Prüfung vom Jugendamt über mich ergehen lassen, die ich wohl zu meinem Erstaunen gut gemeistert habe, denn ich hatte einen ungeheuren Bammel davor. Andere machten ihre Reifeprüfung am Gymnasium, mir wurde Lebensreife vom Jugendamt schriftlich bestätigt. Aber wie kam es dazu, dass wir, wahrscheinlich zu früh, diesen riesigen Schritt ins Ungewisse gegangen sind? Wer hat uns zu- oder abgeraten? Hatten wir Verbündete? Waren wir so sicher in dem was wir taten und dass das Leben es genauso für uns vorgesehen hatte?

Die Nebel der Erinnerung an die Zeit, als ich fast ein ganzes Jahr mit einer schweren Hepatitis im Lazarett liegen musste, lichten sich langsam und Contz Hilber, der liebe Arzt aus München, den beschreibe ich Euch ein paar Zeilen weiter, bat mich in sein Sprechzimmer und riet mir von großen Anstrengungen jeglicher Art ab. Als er hörte, dass ich wöchentlich Heimfahrten hatte, von Freitagabend bis Sonntagabend, legte er die Hände in den Nacken und sagte, dass das ja jeweils 500 Kilometer im Auto oder im Zug wären. Das würde auf Dauer zu anstrengend und ich sollte eine andere Lösung statt der regelmäßigen Heimfahrten suchen und finden, die besser wäre für meine Gesundheit.
Es war mein letztes Jahr in der Fremde und wir wollten ja eh das Leben zusammen erleben. Also kamen wir im ersten Gespräch überein, dass wir wohl zusammenziehen sollten, und das konnte natürlich nur in der Nähe des Standortes sein. Das war aber gar

nicht so leicht, denn unverheiratete Paare hatten es enorm schwer, sich ohne Probleme eine Wohnung zu mieten, da sich die miefig-spießige Gesellschaft erst langsam von den Fesseln der Nachkriegszeit befreite. Wohnraum zu bekommen war als Paar mit Trauschein deutlich leichter und so geschah es dann, dass wir gar keine andere Möglichkeit hatten, als mit Erlaubnis der Behörden zu heiraten. Unser beider Welt schien groß, aber in Wirklichkeit war sie klein, und das Bürgerliche beherrschte unser jeweiliges Umfeld in der Heimat. Aber meine Welt war das ja eigentlich gar nicht, denn ich war ohnehin nicht fest verwurzelt und konnte mich jederzeit lösen. Von der Heirat in der Kirche sind nur wenige Bilder in meinem Kopf geblieben, aber die Szene mit meiner Mutter, die nicht eingeladen war, war filmreif, wie aus einer der Schmonzetten des ZDF. Wir, Chris in einem hübschen Kleid und ich in schicker Uniform, gingen den langen Gang vor zum Altar und als es wirklich mucksmäuschenstill war, ging plötzlich knarrend die Eingangstüre auf. Ich drehte meinen Kopf reflexartig zur Seite und sah nur kurz einen Kopf - den Kopf meiner Mutter. Wer von uns beiden mehr erschrocken war, kann ich heute nicht mehr sagen, aber so kurz, wie sie zu sehen war, so schnell war sie auch wieder verschwunden. Die Fronten zwischen mir und meiner Family müssen wohl extrem verhärtet gewesen sein, denn so was ist ja eigentlich nicht normal. Sprachlosigkeit zwischen Eltern und Kindern ist kaum zu verstehen, aber wer frei von Schuld ist, der werfe den ersten Stein. Keiner von uns nahm einen Stein, aber machte auch keinen Versuch dem anderen zu sagen, dass man ihn lieb hatte. Ausdrücken hätte ich das aber damals gar nicht können. Mir fehlten nicht nur die Worte, sondern auch der Mut. Feige, ja ich war feige!

Mir war nicht klar, wohin das führte, dass man auch noch vor Gott „Ja" gesagt hatte zu „In guten wie in schlechten Zeiten oder bis das der Tod Euch scheidet". Mir war schon klar, dass ich jetzt nach außen hin Verantwortung übernommen hatte, aber in mir drin sah es ganz anders aus. Mich bedrückte der Zwiespalt, in dem ich mich befand: Meine schon jetzt existente und aufregende Parallelwelt auf der einen Seite und die Angst, in der gemeinsamen Zukunft zu versagen und das quälende Gefühl, in einem Jahr im Haus mit den Schwiegereltern zu wohnen auf der anderen Seite. Wollte ich das überhaupt wirklich oder ging ich diesen Weg, weil es keinen anderen gab? Das machte mir wirklich gehörig Angst und ich wurde immer mut- und sprachloser.

Wenn man nicht aus Angst oder Scham mit den Menschen, die einen lieb haben, über das, was einen bedrückt, spricht, muss man sich nachher nicht wundern, wenn es kleine und größere Verletzungen oder gar tiefe Wunden gibt, die lange nicht verheilen werden - und das auf beiden Seiten.

Als Soldat hatte ich jetzt den Status Heimschläfer und nachdem Chris mit ihren Möbeln unsere Neubauwohnung in Wilhelmshaven ausgestattet hatte, wohnten wir im fünften Stock eines Hauses, das direkt an der Straße lag. Wir übten die Ehe auf Probe, denn es blieb uns nur ein Jahr. In der Stadt, in der wir Quartier bezogen, pfiff der Wind so brutal um die Häuser, dass man lieber zu Hause blieb. Das war meistens jahreszeitenunabhängig und wenn man mal auf der Straße unterwegs war, gab es wenig Abwechslung. Doch ich erinnere mich an eine Disco, die, schlecht besucht, kaum gute Musik spielte, aber eine silberne Discokugel an der Decke hängen hatte. Die Lightshow war kaum der Rede wert, aber mangels

Gästen konnte man sich laufend Songs wünschen. Warum, weiß ich nach 46 Jahren nicht mehr, aber wir wünschten uns vom Plattenaufleger den Schmachtfetzen **„Martin"** von Mireille Mathieu. Wir waren die Einzigen auf der Tanzfläche und hielten uns gegenseitig fest, so als ob wir ahnten, dass es nicht immer so bleiben würde. Es war nicht der Text des Liedes, es war die Sehnsucht in ihrer Stimme, dem „Spatz von Avignon".

Nachdem wir also den Tag zur Nacht gemacht hatten, fuhr ich jeden Morgen zum Dienst nach Jever in die Waffenschule der Luftwaffe und nach Dienstschluss die 17,4 Kilometer wieder zurück. Militärisch hatten meine Vorgesetzten keine Herausforderungen mehr für mich parat, zumal ich mir mittlerweile den Dienstgrad des Unteroffiziers in den zahlreichen Lehrgängen erkämpft hatte. Da hörte ich dann in einem der Unterrichtsfächer zum ersten Mal von der industriellen Revolution in England. Die Namen Adam Smith und John Kenneth Galbraith haben sich in mein Gedächtnis eingebrannt und werden von mir wie aus der Pistole geschossen genannt, wenn im TV eine Frage zu dem Thema in einer der unzähligen Rateshows gestellt wird. Meine Freundin Sandra, die mit Erfolg BWL studiert hat, kann ich damit schwer beeindrucken. Ja, so ist das, wenn man für ein Thema brennt, dass für einen nicht alltäglich ist. Solche Themen und andere, die unsere Gesellschaft betrafen, prägten mich Anfang der Siebziger in der Bundeswehrausbildung sehr.

Während ich mich also durch die Volkswirtschaftslehre kämpfte, arbeitete Chris bei der Sparkasse, denn sie war fit in Buchhaltung und jeglicher Art von Büroarbeit. Ich weiß zwar nicht mehr ganz genau, wie viele Anschläge sie pro Minute hinbekam, aber ich wusste, dass es des Öfteren drei Durchschläge gewesen waren.

Nein, Sie konnte richtig was und war mehr als beliebt bei allen, die sie kannten. Wenn die Erinnerung an die Zeit Bildfetzen freigibt und man auf einmal fast daneben steht, wird es einem ganz warm ums Herz und man schämt sich für den Egoismus, die Unreife und sein Handeln im Allgemeinen.

Als „Bürger in Uniform" war ich immer früher zu Hause und hielt schon in alter Gewohnheit Ausschau nach ihr. Vom Fenster aus, von dem man direkt auf die Hauptstraße sah, konnte ich sehen, wie sie mir schon von Weitem lachend zuwinkte, wenn sie abends heimkam, und der wieder mal stürmische Wind ihr Tuch wie eine Fahne flattern ließ.

Eigentlich passierte nicht viel und es gibt kaum Erinnerungen oder Bilder, die lebendig werden, wenn ich an diese Zeit denke. Chris könnte das sicher sehr genau beschreiben, aber sie würde sich heute lieber die Zunge abbeißen, als irgendetwas über unsere Liebe oder die kurze gemeinsame Zeit mit mir zu berichten. Meine Tochter Heike hat sie einmal gefragt, wie ich ausgesehen habe? „Wie Dein Arsch", bekam sie zur Antwort und kam wohl nach weiteren Beschreibungen über mich zu der Erkenntnis, dass sie wahrscheinlich die „Brut des Satans" sein müsste. Heute, wenn wir darüber reden, trotz ihrer Borderline-Erkrankung, scherzen und lachen wir und ich bin froh über ihren Humor, der Sie am Leben erhält und meinem nicht ganz unähnlich ist.

Wir dachten ja früher mit gerade mal zwanzig, dass das schon alt wäre und das Leben ja sowieso seinen Weg geht, ob wir wollen oder nicht, wie bei allen Paaren aus unserer Umgebung und überhaupt. Dass das nur ein Trugschluss war, erfuhren wir in nicht einmal einem Jahr. Ihr gefiel das neue Sein, weit weg von dem behüteten Leben und ihrer Jugend, und sie muss mich wohl sehr geliebt haben, um diesen Schritt zu wagen. Aber sie wurde die Schatten ihrer Kindheit und Jugend nicht los, denn die Mutter hatte immer noch den Drang, ihre Tochter zu beschützen, besonders vor mir. Bei ihren regelmäßigen Besuchen sah ich immer zu, dass ich doppelte Schichten in der Kaserne schob und mir tausend Ausreden ausdachte, um mich rar zu machen. Irgendwie habe ich die Dinge einfach so laufen gelassen, anstatt zu reden. Aber ich hatte keine Ahnung, wie ich etwas ausdrücken sollte, das nur so ein Gefühl war, und die Angst vor Vorwürfen war groß.

Ich hatte keine Vorstellung von der Zukunft, in die wir gehen sollten, denn Chris war schwanger und mir fehlten einfach die Worte. Anfangs wehrte ich mich noch, Vater zu werden, aber auf Dauer war die Bitte von Chris, dass wir etwas haben sollten, das nur uns beiden gehörte, überzeugend. Inzwischen war es schon amtlich, dass ich nach meiner Dienstzeit zwei Jahre lang die Textilfachschule in Nagold im Schwarzwald besuchen konnte, denn diese Ausbildung wurde nach vier freiwilligen Jahren in vollem Umfang unterstützt und sollte den Zeitsoldaten helfen, nach der Dienstzeit wieder im Beruf Fuß zu fassen. Diese Tatsache, dass wir wieder zwei Jahre nicht zusammen sein konnten, hat wohl beim Kinderwunsch meiner Frau eine nicht unerhebliche Rolle gespielt.

Die Welt drehte und veränderte sich schnell um uns herum und da blieb es wohl nicht aus, dass unsere eigene kleine heile Welt von Tag zu Tag mehr Risse bekam. Die Monate vergingen und ich hoffte, dass die Blätter im Herbst langsamer zu Boden fallen als die Jahre zuvor, um Zeit zu gewinnen. Noch lieber wäre es mir aber gewesen, wenn sie einfach drangeblieben wären und sich die Zeiger der Uhr nicht mehr hätten weiterdrehen können. Mehr Zeit hätte ich gebraucht, eine Menge Zeit - und viel Vertrauen in mich und in die Zukunft! Chris musste, auf Befehl ihrer Mutter, zurück in ihr Heimatdorf, um die letzten Monate der Schwangerschaft wohlbehütet im elterlichen Haus zu verbringen. Ich schwieg einfach dazu und wusste insgeheim, dass ich dieser unglaublich großen Aufgabe nicht gewachsen sein würde. Ich gab die Wohnung auf und wohnte fortan wieder in meinem geliebten Fliegerhorst.

Als ich wieder mit meinem VW das Kasernentor passierte, kam es mir wie Heimat vor. Ich fühlte mich wieder zuhause und sobald die Bauten aus den 1930er Jahren im Kasernenbereich, die ich so liebte, an mir vorbeizogen, spürte ich das ganz besondere an diesem Ort, der umgeben war von einem unglaublich dichten Waldbestand, also eigentlich ein Idyll zum Wohnen. Das wir hier an einem Bundeswehrstandort waren, merkte man nur, wenn es Trauerfeiern für verunglückte *Starfighter*-Piloten gab oder man selbst mal als UVD zum Nachtdienst eingeteilt war, was aber selten der Fall war. Mein Soldatenleben fühlte sich immer sehr zivil an mit dem eigenen Zimmer im Dachgeschoss, umgeben von Bäumen, durch die die Sonne selten durchkam. Ein Bett, ein Fernseher, eine Couch und ein toller Sessel machten aus der Bude ein Apartment. Mit der „Rundum Sorglos-Betreuung", drei Mal Essen am Tag, dem Wäsche-Service und den vielen Vergünstigungen, die ein Zeitsoldat und Unteroffizier nun mal hatte, ließ es sich vortrefflich leben. Ich spielte nun wieder täglich mit den Piloten Tennis auf den drei Plätzen, die mitten im Areal direkt vor dem Offizierskasino lagen, und wenn ich mich richtig erinnere, lud mich unser Kommandeur dort des Öfteren zum Essen ein. Nicht nur weiße Tischdecken, sondern auch Kellner waren hier

Standard. Der Ton und die Gespräche waren gepflegt und standen damit im krassen Gegensatz zu unserem Bundeswehr-Speisesaal.

An den Wochenenden, ich fuhr nur selten zu Chris, trafen wir uns zum Boßeln, dem ostfriesischen Nationalsport, oder spielten Tennis. Ja, an den Strand fuhren wir auch schon tagsüber, denn richtigen Dienst gab es in den letzten Monaten nicht mehr. Unser Kino im Fliegerhorst unterlag nicht der Zensur und *MASH,* die satirische amerikanische Filmkomödie über zwei durchgeknallte Chirurgen in einem mobilen Feldlazarett, war ein Renner. Die Helden "Captain Hawkeye Pierce" und „Captain Trapper JohnMcIntyre" nahmen das Kriegsspielen, sehr zu meiner Freude, voll aufs Korn. Die Szene mit "Major Margaret O'Houlihan", bekannt als „Hot Lips O´Houlihan", ist der Brüller und wer den Film je gesehen hat, weiß, wovon hier die Rede ist. Kinofilme liefen oft und lange und die „Reifeprüfung" wurde, obwohl von `67, immer wieder gespielt. „**Sounds of Silence**"-pfeifend verließ ich immer das Kino. Den Film habe ich bis heute dutzende Male gesehen und die Erinnerung an das kleine, aber feine Kino mitten im Wald unseres Fliegerhorstes ist immer noch präsent. Regelmäßig wurden wir Unteroffiziere auch für Veranstaltungen der Bundeswehr in verschiedenen Orten Frieslands als Betreuer eingeteilt und ich war darüber hinaus durch den Tennissport zusätzlich privilegiert. So fühlte sich die neue Freiheit also an und ich verlor mich langsam in ihr!

Für den Verlust Nummer zwei wird es jetzt Zeit die Hosen herunter zu lassen und darüber zu berichten, dass ich mein höchstes Ideal „für immer treu im Herzen", ein Leben lang, von heute auf morgen nicht mehr aufrechterhalten konnte - und das nach über sechs Jahren der Überzeugung.

Als ich vogelfrei lebte, so fühlte ich mich im letzten halben Jahr vor Beendigung meiner Bundeswehrzeit, war ich mal wieder Gast im Lazarett. Die Leber, an meinen gelben Augen sah man das, brauchte mal wieder einen Service und „Bamm", da kam sie in mein Krankenzimmer, witzig, burschikos, Friesin, blond, kurze Haare und nicht auf den Mund gefallen. Sie war eine der vielen Krankenschwestern im Lazarett und hat mir mal eben so den Kopf verdreht. Sie war, wie sollte es sonst sein, natürlich anders als Chris und erst das zweite Mädchen, das meine Gefühle durcheinanderwirbelte wie die Luftbläschen in einer gerade geöffneten Mineralwasserflasche. Sie war frei, ungebunden, hatte weit und breit keine böse Schwiegermutter im Schlepptau und liebte das Leben unter den feschen Soldaten.

Vielleicht waren wir verliebt, aber da ich verheiratet war, noch stolz auf mein Ideal, und man damals nicht gleich im Bett landete (was nur in den Großstädten vorkam, besonders in Berlin, wo die Kommunen sich breitmachten und mit dem Satz „Wer zweimal mit derselben pennt, gehört schon zum Establishment" die freie Liebe propagierten), befanden wir uns beide irgendwie in der Schwebe und außer Flirten ging nichts - das ging aber von mir aus. Der Wille, dem zu widerstehen, wurde aber von Mal zu Mal brüchiger, wie ein Schweizer Käse. Sie hieß Meike und ließ auch nicht locker, als ich schon in Nagold war und mich auf der Flucht befand.

Noch hätte ich in dieser Zeit das Leben von Chris und mir in eine andere Richtung schubsen können. Ohne Mut und Mumm und mit einer Scheißangst wollte das aber irgendwie nicht funktionieren. Zudem muss ich wohl auch schon diesen Fluchtgedanken in mir getragen haben, allerdings in der Hoffnung, dass man, wenn man nur weit genug weg ist, von der

Vergangenheit nicht mehr eingeholt werden kann. Doch das Leben läuft anders, denn egal, wie viel Zeit vergeht und wie weit fort man zieht: Alles, was man im Leben tut, kommt irgendwann zu einem zurück. Es ist, als wenn Du vor `zig Jahren einen Bumerang ganz weit nach oben in den Himmel geworfen hast. Über den Wolken ist er dann nicht mehr zu sehen. Er ist weg. Seid aber alle sicher, die Vergangenheit holt jeden irgendwann einmal ein – genauso wie ein Bumerang wieder zurückkommt, wenn er korrekt geworfen wird.

Die Welt dreht sich, das Leben geht weiter

Mit einem *Alfa Romeo 1600 Duetto Spider* fuhr Dustin Hoffman als Benjamin Braddock im Film *The Graduate* in Kalifornien den Weg nach Berkeley (untermalt von den Songs „**Mrs. Robinson**" und „**Scarborough fair**" von Simon & Garfunkel), um seine große Liebe Elaine Robinson zurück zu gewinnen. Mit dem gleichen Modell verließ mein Freund Reinhard, mich in meinem alten VW im Schlepptau hinterher fahrend, den Fliegerhorst. Unsere Aufgabe als Bürger in Uniform hatten wir gelöst und durften wieder zurück in unser altes Leben, was ich aber nicht mehr wollte und auch nicht konnte. Bevor wir uns auf den Weg machten, hielten wir genau dort, wo Jockel immer sein Auto parkte, also direkt vor den Treppen des Einganges unserer Nachschubabteilung. Unser Spieß kam heraus, ein Lächeln im Gesicht, und rief uns zu: "Macht`s gut Jungs, und viel Glück im Leben". Darauf antworteten wir singend mit einem Song der Rolling Stones: „**I'm free to do what I want any old time, so love me, hold me, love me, hold me, I'm free any old time to get what I want, I'm free to sing my song though it gets out of time, I'm free to sing my song though it gets out of time, so love me, hold me, love me, hold me**" und überreichten ihm zum Abschied eine Flasche Mariacron.

„Das Leben ist ein Kampf, darum siege", schrieb Contz Hilber, Leutnant der Reserve, mein Arzt und Ausbilder in mein Heft zum Ende meiner Dienstzeit. Contz war Arzt in München am *Krankenhaus Rechts der Isar* und trotz der unterschiedlichen Laufbahnen und Bildungsunterschiede mittlerweile ein guter Freund. Wir, Reinhard und ich, haben ihn immer wieder mal in München besucht und waren stolz auf diese Freundschaft. Da war mein Leben aber schon aus den Fugen geraten und ich musste versuchen zu überleben, mitzuhalten mit anderen, irgendwie eine eigene Identität bekommen. Da wurden mir die Worte von Contz erst richtig klar. Nach der Diagnose Krebs wollte ich den alten Weggefährten noch einmal besuchen, aber es gelang nicht, da er im Jahr zuvor verstorben war. R.I.P und danke für den (Zu)Spruch vor langer Zeit!

Wir waren also auf der Rückfahrt, Reinhard mit dem *Alfa* und ich hinterher. Wir verabredeten, dass wir, wenn wir in der Stadt, in der er wohnte, angekommen waren, im Pool baden und lecker essen wollten. Sein Vater hatte eine Fabrik und ich kriege bis heute nicht zusammen, ob es in Iserlohn oder Lüdenscheid war?! - Ennepetal wäre auch eine Option. Angekommen, es war mittlerweile Mittag, ließen wir es uns erst mal richtig gut gehen. Reinhard, mein Freund, war kein Zeitsoldat und war einer von vielen, die die letzten 100 Tage von 18 Monaten immer am Maßband mit der Schere abschnitten und den letzten Tag des unfreiwilligen Aufenthaltes herbeisehnten. Mein Wunsch war, dass dieser Tag nicht enden sollte, da ich Bammel hatte, zu meiner Frau und ihrer Mutter zu fahren. Ich hatte tatsächlich schreckliche Angst. Die Tür zu meiner richtigen Familie war verschlossen und bei Reinhard konnte ich auch nicht bleiben, aber der Rettungsanker „Nächstes Glück" war schon fast ausgeworfen. Deshalb blieb ich auch so lang wie möglich bei der Familie Fischer im Sauerland. Da man immer noch handylos war, konnte man mich auch nicht erreichen. Irgendwann fuhr ich dann aber doch.

Es war ein schöner Spätsommerabend, die Sonne machte sich fertig, uns zu verlassen, um woanders wieder aufzugehen. Man kann nicht sagen, dass ich schnell gefahren wäre, aber irgendwann, selbst im Schneckentempo, kam ich in der

Dunkelheit doch noch an. Dachte, die Dunkelheit schützt mich. Das stimmt, denn man wird ja nicht so schnell erkannt. Bis zu meinem Krebs habe ich, egal wie mein Leben verlief, die Dunkelheit als Schutz gesehen. Das ist jetzt vorbei. Jetzt liebe ich es, wenn es lange hell ist und man mich erkennt. Das hat sehr lange, ungefähr 44 Jahre, gedauert, fast im Dunklen zu leben. Wie es damals dann schon kurz nach meiner Ankunft zum Streit kam und wer genau was sagte, ist heute nicht mehr zu klären. Das ist völlig verschüttet in mir, aber es änderte auch nichts daran, dass letztlich die Angst mein Antrieb war.

Hals über Kopf packte ich noch nachts meinen kleinen *Telefunken Musikus 5E* Koffer-Plattenspieler und einige meiner Singles. Unter anderem griff ich mir „**Sloop John B.**" von den Beach Boys und deren „Schaluppe" war mein Käfer, bei dem man sogar den ausklappbaren Winker per Hand betätigen musste, wenn das Seil gerissen war. Die Beach Boys wollten in ihrem Song nach Hause und ich einfach nur weit weg. „Setz` die Segel", rief ich meinem „John B" zu. Ein unsichtbarer Magnet zog mich weg und ich begann mit meiner Flucht vor der Ehe, der Schwiegermutter, meinem Kind, das noch nicht auf der Welt war und der Verantwortung, die ich nicht übernehmen konnte. In vielen Jahren danach, auch in Gesprächen mit meiner Tochter Heike, die mir wie aus dem Gesicht geschnitten ist, suchten wir nach Erklärungen, fanden aber keine. Heike hat mir aber längst verziehen und ich kann heute für sie da sein, wenn sie Hilfe braucht. Das kommt schon mal vor, denn dass ihre Mutter sie nicht akzeptieren konnte, oder wollte und ich nicht da war, hinterließ tiefe Spuren in ihrem Leben. Das Fehlen der Verlässlichkeit und starke Verlustängste haben ihr Leben bis heute sehr geprägt. Borderline bleibt da nicht aus!

„So was kommt von so was", sagen immer viele Menschen, die aber gar nicht wissen, wovon das eigentlich wirklich kommt. Deshalb riet mir meine Kunsttherapeutin Ulrike, die mir hilft, den Krebs nicht so wichtig zu nehmen: „Zeichne doch mal alle Personen, die in deinem Leben eine Rolle gespielt haben, Frauen als Kreis und Männer als Rechteck, auf. Beginne mit den Urgroßeltern bis zur heutigen Zeit und dann erkläre mir, wie das alles so war. Das Ergebnis war für mich verblüffend. „Siehst du", sagte sie, „an deinem Leben bis zur Flucht waren viele beteiligt. Alles zusammen hat Dich so handeln lassen, aber auch andere haben einen Teil der Verantwortung." Da war ich baff, aber auch erleichtert. Die Felsbrocken purzelten nur so von meinen Schultern und diese Sichtweise gab ich gleich meiner Tochter weiter, die auch immer glaubt, sie sei nichts wert und schuld an dem, was ist.

Gehe nicht über Los, ziehe die Karte der Freiheit

Am „Texerstop" in Nagold kam ich so vor fünfundvierzig Jahren mit nichts anderem als Schallplatten, einem Plattenspieler und mir selbst im Gepäck an. Meine Flucht vor der Verantwortung machte hier erst einmal halt an diesem sagenumwobenen Ort und diesmal wurde ich wieder ganz heftig in eine andere Umlaufbahn meiner Welt geschleudert. Kurz vor dem Ortseingang stand ein hübsches Mädchen mit einem selbst gemalten Schild: „Texerstop (Texer nennen sich Absolventen der Textilfachschule - sie haben „Nagold im Blut"), dritte Abfahrt rechts und dann immer geradeaus ins Paradies". Das nächste Glücksfenster ging auf und der jähe Abschied von Marburg verblasste mit jeder Minute mehr. Auf der langen Fahrt dorthin kam ich vorbei an Frankfurt am Main mit den riesigen Häusern und den vielen erleuchteten Fenstern. Als ich so fuhr, dachte ich, hinter jedem dieser Fenster gibt es bestimmt auch ein anderes Schicksal, dass das Leben der Menschen bestimmt und viele Jahre später erfuhr ich, dass meine große Schwester Karin auch hinter einem dieser Fenster wohnte.

„Zur *Waldruhe* noch 100 Meter und dann hast du es geschafft", rief wiederum ein anderes Mädchen, das offensichtlich gut drauf war und dem berühmten Weißherbst, wohlgemerkt aus der Flasche, sehr zugetan war. Gleich nach meiner Ankunft stellte ich fest, dass es in der Waldruhe alles gab, nur keine Gläser. Da war ich also, geflüchtet und gezogen von dem Magneten, der wohl Leben hieß und so etwas wie der moralische Teufel war. Nun tauchte ich, ohne nachzudenken, ein in das Leben eines Texers.

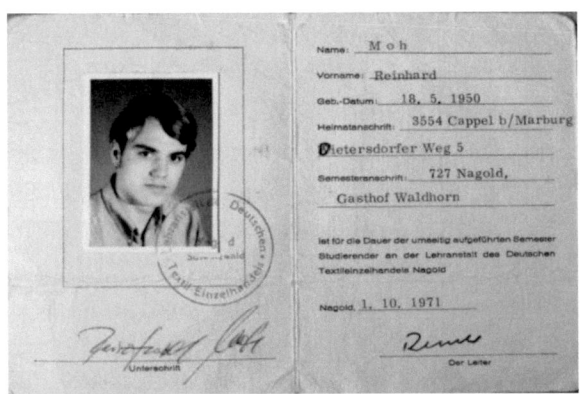

Mein Studentenausweis, Anfang der 70er Jahre, Nagold

Berührungsängste gab es von Anfang an keine und jede oder jeder war aus gutem Haus. Deren Eltern hatten Textilhäuser, Fabriken oder andere Einzelhandels-unternehmen. Die neuen Kommilitonen waren zum ersten Mal dem Elternhaus entflohen und ließen von Anfang an keinen Zweifel daran, hier für die nächsten zwei Jahre mal so richtig die Sau rauslassen zu wollen. Das taten die dann auch. In der *Waldruhe* gab es eine Musikanlage und am ersten Abend wurde ein Discjockey - nein, kein DJ - gesucht. „Ich mach's", rief ich. „Wie heißt du?" „Billy." „Wie Billy Mo?" „Ja genau!" Das war mein Platz für die nächsten zwei Jahre und den gab ich auch nicht mehr her. Also, ich hatte keine tollen Klamotten an wie die anderen und auch sonst war ich wohl eher ein Exot für die meisten. Zu meiner Überraschung mochten mich aber alle und da ich mich für meine Herkunft und die damit verbundene Flucht schämte, baute ich mir eine Lügenwelt auf, die noch bis ins einundzwanzigste Jahrhundert Bestand hatte. Ich habe mich einfach geschämt und hatte Angst, dass man mich dann verachtet. So war ich der Billy, ohne Familie und Freunde aus der Heimat. Ich wollte immer, egal wo, dass mich alle mögen und liebhaben. „Hey Billy Mo, leg mal „**Hot**

Love" von T.Rex auf " - „Well she's my woman of gold, and she's not very old, a ha ha", alle tanzten und winkten mir zu.

Es war drei Uhr morgens, die Party fing erst richtig an, und ich verlor mich im allgemeinen Trubel. Am nächsten Morgen, wir hatten alle noch keine Bleibe, schliefen im Auto oder in den wenigen Zimmern der *Waldruhe*, war Begrüßung in der Aula. Die Semester über uns begrüßten uns mit tosendem Beifall, denn die erste Prüfung hatten wir ja gestern Nacht schon bestanden. Für mich sollte es die einzig bestandene sein, denn durch die Fachprüfungen bin ich so was von gnadenlos durchgerasselt und diesen Rekord als schlechtester Schüler der Schule halte ich heute noch. Halt, ein Fach gab es, in dem ich eine Eins für meine Semesterarbeiten bekommen habe: Es war das Fach Psychologie. Hierbei ging es um den Gründer der damals weltberühmten antiautoritären Schule *Summerhill* in England, Alexander Neil. Das fand ich klasse, die Gesellschaft war eh im Umbruch und meine konservative Herkunft lechzte nach Veränderung. Also suchte ich mir folgendes Thema aus: „Der Einfluss der antiautoritären Erziehung auf das Verhalten im Berufsleben". Für mich war das besonders wichtig, denn ich hoffte in diesem Fach auch mehr über mich zu erfahren.

Wir bekamen im Rektorat Zimmer empfohlen und logierten verteilt im Ort bei diversen Gastfamilien, die alle aus Vietnam („Hanoi!") kamen und Adele hießen oder so ähnlich. Ich wohnte bei einer durchaus netten Witwe, das Zimmer lag tief unter der Grasnarbe und war sauber, wie es sich für eine schwäbische Hausfrau gehörte, aber keine drei Wochen später zog ich aus und bat um Asyl in einer Pension mit Disco im Keller. Das *Waldhorn* lag mitten in der Stadt, die Zimmer waren nicht gerade sauber und Ossi, der Wirt, mitunter sehr gewöhnungsbedürftig.

Hier kam ich erst einmal unter, keiner kannte diese Adresse und so konnte mich auch niemand erreichen. Ich war sozusagen für ein paar Monate untergetaucht. Die Miete wurde einfach verrechnet mit meinen Abenden in der *Waldhorn*-Disco, wo ich Platten auflegen durfte. Das konnte ich ja irgendwie; aber in dem Laden war nie richtig was los, oder ich machte vielleicht auch ´keine Schau´. „Sweet" ging gut ab, aber die meisten Paare wollten nur zu „**I'd Love You To Want Me**" von Lobo tanzen. Nach kurzer Zeit ging es dann in die *Waldruhe* zur letzten Station direkt neben der Schule. Aber was war eigentlich vor meiner Flucht aus dem ersten Studentenzimmer vorgefallen? „Herr Moh, Ihre Frau hat angerufen." Der Fluchtreflex war sofort da und ich verließ Hals über Kopf das Haus, geplagt von Scham und Angst, dass meine Lügenwelt schon nach so kurzer Zeit zusammenbrechen würde.

Nachdem ich mir selbst den Weg zurück zu Chris verbaut hatte und mich immer noch frei von allem fühlte, nahm ich wieder mit Meike, meinem Karbolmäuschen, telefonisch Kontakt auf. Brauchte ich nur jemanden zum Reden, war ich verliebt oder hoffte ich, durch eine Affäre meine Schuldgefühle vergraben zu können? Wir trafen uns das erste Mal wieder, ich war ja schon in Nagold neu beheimatet, sozusagen auf halber Strecke in Hannover in einem Hotel. Wir stellten beide fest, dass wir zusammen Spaß haben konnten, uns sexuell anziehend fanden und ich für einige Stunden und einer schlaflosen Nacht der Realität entfliehen konnte. Meine Gedanken kreisten aber um Chris und die Frage: „Was mache ich hier?" Es war Sonntagmorgen, wir saßen im Frühstücksraum des Hotels und wussten nicht so recht, was wir sagen sollten. Wir verabredeten aber lose, dass wir uns beim nächsten Wiedersehen in Stuttgart treffen wollten. Lag zwar nicht auf halber Strecke, aber uns fiel nichts Besseres ein, oder wollten wir von dort aus den Zug nach

Paris nehmen? Ein Taxi wäre doch wohl zu teuer geworden und der Song **"Taxi nach Paris"** sollte erst dreizehn Jahre später mit der Gruppe "Felix de Luxe" veröffentlicht und obendrein ein Hit werden. Die Songzeile **"Ich hab' es gern, wenn sich zwei Welten dreh'n und die Sterne funkeln wie die Laternen im Dunkeln"** hätte auch gut in die Umlaufbahn meiner kleinen Welt gepasst.

Tagträume werden oft wahr und ich war in Gedanken mit Meike in Paris, wir liebten uns, so wie ich es bisher nicht kannte. Es war aufregend und spannend, wenn sich nicht urplötzlich mitten in Paris mein schlechtes Gewissen gemeldet und ich aus Angst und Scham die wilden Tage abrupt abgebrochen hätte. Wir fuhren zurück und in Stuttgart am Hauptbahnhof trennten wir uns für immer. Ich konnte es nicht und für Meike war es kein Problem, sie war jung und wollte das Leben erleben, genießen und hatte kein schlechtes Gewissen in sich. Nie mehr im Leben sollte ich etwas von ihr oder über sie hören. Der Tagtraum wurde jäh abgebrochen, denn die Siebzigerjahre-Schwingtüren öffneten sich rapide und eine wirklich gut aussehende und sprachgewaltige Amerikanerin betrat den großen hell erleuchteten Raum und zog uns alle in ihren Bann. Sie hatte einen roten Wintermantel an, der nicht zugeknöpft war, die tiefschwarzen Knöpfe waren so groß wie ein Fünfmarkstück. Den weißen Winterschal trug sie lässig auf dem Arm und rief in der Mitte des Raumes angekommen uns allen zu: "The First Snow!". Wow, was für einen Auftritt. Was war jetzt wahr, was nur ein Traum? Wir schauten aus dem Fenster und sahen dicke Schneeflocken am Fenster vorbeifliegen. Sie sahen aus wie Federn, so als ob Frau Holle nun wirklich einmal auch für uns die Betten ausgeschüttelt hätte. Immer wenn es heutzutage schneit, was ja nicht mehr so oft vorkommt, ruft eine laute Frauenstimme in mir: "The First Snow!".

Ach ja, Paris, die Stadt der Liebe, haben wir dann doch noch kurz gesehen und wenn ich da schon gewusst hätte, dass Jim Morrison, Frontmann von den Doors, kurz vorher in Paris auf dem berühmten Friedhof *Père Lachaise* beigesetzt wurde, hätte ich ihm gerne die letzte Ehre erwiesen, aber musikalisch war ich erst Monate später bei der richtigen Musik angekommen und „**The End**" zum Beispiel ist schon aus dem Jahr 1967. Also doch Spätzünder.

Nagold und kein Weg zurück

Vom Hof gejagt, wie in einem schlechten Heimatfilm aus den Fünfzigerjahren, wurde ich kurz danach sprichwörtlich vom selbigen und die Vorgeschichte trug sich wie folgt zu. Mir ist dazu nur das Bild eines Babys, das meine Schwester mir in die Arme legte, präsent. Alles andere ist sehr weit weg.

Meine Tochter Heike Christina kam ohne mich am vierten Januar im zweiundzwanzigsten Jahr, nachdem ich das Licht der Welt erblickt hatte, unschuldig und ungewollt in ihre neue Welt. Dass dies unter großen Schmerzen und einer noch größeren Wut seitens des Familienclans von Chris und ihr selbst auf mich geschah, hörte ich kurz nach der Entbindung. Wenn es so war, nein ich bin sicher, dass es so war, ging es für die beiden wohl ums nackte Überleben. Doch allen Schwierigkeiten zum Trotz machte sich dieses kleine Menschenkind auf, um zu leben. Heute sind schon mehr als vierzig Jahre geschafft. Dass ich mich als der leibliche Vater feige aus dem Staub gemacht hatte, wusste sie noch nicht, muss es aber schon gespürt haben, denn Verlustängste gehörten fortan zu ihrem Leben. Beziehungen zu Männern waren von Anfang an zum Scheitern verurteilt, da sie „für immer" wollte und die Jungs aber mehr Zeitarbeiter waren. Ulla Meinecke, auch so eine deutsche Musik-Heldin von mir in späteren Jahren, sang: **„Wenn schon nicht für immer, dann wenigstens für ewig"**. So dachte wohl auch Heike.
Im Übrigen war auch mein Familienclan nicht gerade gut auf mich und diese Situation zu sprechen. Meine Schwester Irmtraud sagt mir immer, es waren keine guten Zeiten und es gab ihrer Meinung auch Gründe, warum ich einen anderen Weg ohne Rücksicht auf Verluste gegangen bin. Sie war auf jeden Fall die Einzige, die versucht hatte Chris, mich und unser Kind zu

versöhnen. Zweimal hat sie es versucht und es gab tatsächlich Treffen, bei denen ich dann beim ersten Mal das Baby im Arm gehalten habe und dann noch mal, als sie ein Jahr alt war. Meine Schwester erinnert sich noch heute an das Gefühl von damals, als sie die Kleine hochhob und fest an sich drückte. Da muss in ihr der Wunsch gereift sein, auch ein Kind zu bekommen. Das sollte sie dann auch später glücklicherweise selbst erleben. Komisch war nur, dass es bei den zwei Besuchen keine Annäherung gab und irgendwie bekam meine Schwester den Eindruck, dass das auch keiner so wirklich wollte. Die Fronten waren stark verhärtet und noch mal, ich war sprach- und bewegungslos. Was Chris betraf, hatte sie in diesen Zeiten und ihrem Lebensumfeld keine Chance, sich mit Erfolg gegen ihre Mutter zur Wehr zu setzen. Ich wurde bei den Treffen, die unweit vom Haus meiner Schwiegermutter stattfanden, von der selbigen mit lautem Gezeter und Schimpfkanonaden vom Hof gejagt. Da gab ich Fersengeld, denn sie hatte einen riesigen Regenschirm, mit dem sie mir wutschnaubend aus der Ferne Prügel androhte. Was war ich bloß für ein Feigling! Meinte ich wirklich, dass irgendwann einmal Gras über dieses Kapitel in meinem Leben wachsen würde? Nach einigen Monaten, es gab kein Happyend und früher war ich auch gar nicht der typische „Happyender", goss ich dann einfach Beton über meine Vergangenheit, um sie einzumauern. Doch genau wie die Natur sich später wieder aus dem Beton wagt und sich nimmt, was ihr gehört, kroch die Vergangenheit Jahr für Jahr aus ihrem Versteck. Aber es waren keine grünen Pflanzen und bunte Blumen, die sich den Weg bahnten, sondern zentnerschwere Mühlsteine.

Ich versuchte den Mühlsteinen zu trotzen und dabei half mir der Tennissport. Jeder, der damals so einigermaßen den

Tennisschläger halten konnte, egal ob mit rechts oder links, wurde vom Direktor der Schule sofort als Spieler für den TC Nagold verpflichtet. Da ich das Spiel mittlerweile, dank meiner tennisspielenden Piloten, für die damaligen Verhältnisse ganz gut konnte, spielte ich ab sofort auch in der 1. Herrenmannschaft. Schon lange habe ich den Begriff „Glück gehabt" gar nicht mehr benutzt, aber das war wirklich für mein Tennis mehr als Glück, für meine Noten aber Gift. Man dachte blauäugig, der Direx wird das schon hinbekommen, aber manchmal kommt eben auch ein wenig Pech dazu.

Glücklicherweise aber traf ich, zum Ausgleich, auf Klaus Hofsäß, der damals auch Trainer im Verein war. Unter ihm spielte ich zwar nur eine Sommersaison, wurde aber richtig gut und gewann nicht nur die Clubmeisterschaft, sondern auch regionale Turniere. Dann bekam Klaus Hofsäß, der mich auch Billy nannte, das tolle Angebot für den Bundesligisten TEC Stuttgart Waldau zu spielen. Später dann wurde er „Fed Cup"-Trainer und begleitete Steffi Graf eine Zeit lang als Berater und Betreuer. Wir trafen uns dann noch einmal Jahrzehnte später wieder - bei den „US Open" in New York. Er war für den deutschen Tennisbund unterwegs und ich hatte das große Glück, das haben nun mal Glückskinder, einen schwedischen Freund als Betreuer begleiten zu dürfen. Morgens standen immer die Busse fahrbereit vor dem Hotel, um Spieler und Trainer zur Anlage nach Flushing Meadows zu bringen. An diesem Morgen enterte ich gerade den letzten Shuttle und ein mittlerweile leicht ergrauter, sympathischer Mann rief ganz erfreut „Hi Billy, was machst Du denn hier?". Egal, auch wenn wir uns wieder mal erst nach Jahrzehnten treffen sollten, hat nur ein Sommer für eine lebenslange Freundschaft gereicht.

Ohne Klaus, aber mit den vielen anderen im Club war der Sommer ausgefüllt mit Tennis und nichts als Tennis. Auch mit Tennistraining konnte ich etwas Taschengeld dazu verdienen, denn durch den Wechsel von Klaus in die Bundesliga gab es übergangsweise Lücken im Trainingsplan des Vereins. Die konnte ich füllen, aber dadurch wurden meine Lücken im Stundenplan immer größer und meine Noten von Semester zu Semester immer schlechter.

Der Tennisplatz lag traumhaft im Stadtpark und nebenan, nur durch einen Zaun getrennt, lag das Schwimmbad. Immer wenn es sehr heiß war, ging ich die paar Schritte rüber und sprang ins kühle Nass. Eines Tages, es war besonders heiß, begegnete ich einer Frau mit ihren zwei kleinen Kindern. Die junge, gut aussehende Mutter kämmte gerade ihr blondes Haar, das durch das Wasser im Becken dunkel geworden war, auffallend langsam und dabei die Sonne genießend, zurück. Unsere Blicke trafen sich ganz ohne Zögern und wir waren Feuer und Flamme. Das kannte ich so nicht und ich konnte und wollte mich dem auch nicht entziehen. Auch wir hatten nur einen Sommer, den wir täglich mit Blicken durch den Zaun und mit lustigen Gesprächen auf ihrer Badedecke verbrachten. Wir wussten nur das voneinander: Sie verheiratet, zwei Kinder, ich auf der Flucht vor Frau und Kind. Wie soll ich meine Gefühle und die Momente in der kurzen Zeit mit ihr beschreiben? Da ich das gar nicht kann, in diesem Fall auch nicht möchte, leihe ich mir mal ein paar umgedichtete Zeilen von meinem Freund Peter Freudenthaler, dem Boss der Band „Fools Garden": **„Kann ich es hier draußen finden, würde es meinen Schmerz mildern? Warum kann ich den Weg nach Hause nicht sehen? Wer würde mich retten, wenn ich mich darin verirre? Nur eine Weile und mir etwas Leben geben. Würde jemand zu meinen Träumen kommen?"** Peter, ja der mit dem Zitronenbaum, wohnt übrigens in Calw, der Geburtsstadt von Hermann Hesse. Das ist unweit von Nagold und als wir uns in der Jetztzeit kennenlernten, verstanden wir uns gleich auf Anhieb, uns verband die Musik. Die geheimnisvolle Frau vom Schwimmbad aber ließ mich eine Weile glücklich sein, weil es ihr nur darauf ankam, wie und wer man in dieser kurzen Zeit war.

1972, ich war immer noch in Nagold, lernte ich Sabine kennen. Ein echtes Nagolder Mädchen, bildhübsch, intelligent, frech und lebensfroh. Sie und ich blicken schonungs- und leidenschaftslos via Facebook nach 38 Jahren auf unsere Freundschaft zurück. Wir loggen uns ein und auf geht es:

Reinhard: Und wo stehst Du musikalisch?
Sabine: Ich mag Neil Young und vieles mehr.
Reinhard: "It's better to burn out than to fade away", singt Neil Young und als sich Curt Cobain umbrachte, lag diese berühmte Textzeile von Neil auf dem Nachttisch!
Sabine: Bei „Suzanne" von Leonard Cohen bin ich entjungfert worden!
Reinhard: Hoppla, toller Song!
Sabine: War eine wilde Zeit damals und mit Pille gefahrlos.
Reinhard: Wie war für Dich das Lebensgefühl, die Musik, die Sorglosigkeit damals und gab es nicht auch Konflikte in Deinem Umfeld?
Sabine: Ich hatte kaum Konflikte, war doch eine verwöhnte Prinzessin, nach vier Jungs endlich ein Mädchen. Hatte viele Freiheiten, die andere nicht hatten, in meinem liberalen Elternhaus und was mir heute immer noch hilft, viel Wärme und Liebe.

Reinhard: Das hat mir sehr gefehlt und sicher auch dazu beigetragen, dass ich Komplexe und wenig Selbstvertrauen hatte und ich spürte, dass der Unterbau fehlte, wie bei einem Haus.
Sabine: Es ist alles sehr lange her.
Reinhard: Hatten wir Sinn für Unsinn?
Sabine: Mir fällt da spontan das von uns damals geliebte Kirschkernspucken in offene Autofenster ein. Besonders gerne nahmen wir die Nagolder mit Ihren offenen Cabrios ins Visier. Das gab dann doppelte Punkte, meistens für Dich.
Reinhard: Wie lief das eigentlich so ab?
Sabine: Die Kirschen hatten wir uns bei Feinkost Schmid besorgt und uns aufs Mäuerchen gegenüber des Hotels *Zur Post* gesetzt, das Mäuerchen war so 1,20 m hoch.
Reinhard: Wie war unsere Quote?
Sabine: Ein paar Mal trafen wir auch, was uns empörte Blicke aus den jeweiligen Autos einbrachte, und auch Madame Wahl im Porsche wurde nicht von uns verschont.
Reinhard: Hat man uns eigentlich dafür jemals verhaftet?
Sabine: Nee, die haben uns nicht erwischt.
Sabine: Hatten wir damals eigentlich Vollzug gehabt?
Sabine: Verzeih einer alten Frau, sollte sie`s vergessen haben.
Reinhard: Nein, wir hatten nur Spaß und wir waren sehr gute Freunde.
Sabine: Har, das kann ich gar nicht glauben, oder war das noch vor meiner Entjungferung und bevor ich die Pille besorgt hatte?
Reinhard: Das muss wohl so sein.
Sabine: O.K., aber danach hab` ich es krachen lassen, wie eine Irre. Es gab ja die Pille und Aids war zu der Zeit noch kein Thema.
Reinhard: Ich weiß nur, dass Du einfach ein tolles Mädchen warst und mich einfach umgehauen hast!
Sabine: Sei froh, dass wir nie eine Beziehung hatten, ich war nie treu.

Reinhard: Mit Pille und ohne Aids ging das vielen, wenn nicht „ALLEN" so.
Beide: Wir mögen uns und sind gerade deswegen nach so langer Zeit noch gute Freunde.
Sabine: Ein Treffen wäre echt mal toll, bin letzthin an Bielefeld vorbeigefahren.
Reinhard: Dann melde Dich das nächste Mal und komm` vorbei, denn Bielefeld gibt es wirklich.
Sabine: Bei der nächsten Tour an die Ostsee.
Beide: Bye!

Campus der LTD Nagold, 70er Jahre

Mein SWF 3

Meine große Liebe zu dem kleinen Sender in Baden-Baden fing in einem noch kleineren Mansardenzimmer in der Waldruhe der Textilfachschule im Jahr ´71 statt. Mein ganzer Stolz in der Mansarde war das weiße rechteckige Radiogerät der Marke *Telefunken Radio Capriccino*. Das Teil ist heute Kult und war der Mittelpunkt des kleinen Zimmers. Dachschrägen nach vorn, Fenster mit einem langen Hebel, den man einrasten musste, um dann durch einen Spalt in den tollen Garten schauen zu können. Viele Apfelbäume gab es dort zu sehen. Ein Waschbecken und ein kleiner Holzschreibtisch komplettierten mein kleines Refugium. Es gab auch eine Terrasse und ich vermute, dass hier mal eine Familie gewohnt haben muss. Jetzt gab es zwei Stockwerke und die Disco.

Die legendäre *Waldruhe* wurde also von mir und sechs anderen in Beschlag genommen. Die Wände müssen aus Pappe gewesen sein, denn man hörte alles, auch das, was man besser nicht mitbekommen hätte. Die Mädels, die im Nachbarzimmer wohnten, Agnes und Röschen, lernten von Anfang an zielstrebig, während ich noch dabei war, die neue Welt um mich herum zu erkunden. Agnes brüllte durch die Pappmaché-Wände: „Stell die Musik bitte leiser!" Beim noch lauter gestellten Refrain von **„You're so vain, you probably think this song is about you you're so vain, I'll bet you think this song is about you Don't you?** *Don't* **you?"** war dann Schluss mit lustig und die Mädels stürmten mein Zimmer und rissen das Kabel aus der Steckdose. Das war Alltagsgeschäft, denn was sollte ich tun außer Psychologie lernen, zum Rest fehlte mir der Zugang. Ja okay, ich war auch faul und hatte so viele neue Eindrücke vom Leben. Ich wusste ja nicht, dass das für später mal wichtig sein könnte. Viel wichtiger war die Frage: Um wen ging es bei dem eitlen Typen in Carly Simons Song? Heute im Alter von 70 Jahren hat sie dann ihr Geheimnis preisgegeben. Besungen wird Filmschauspieler Warren Beatty, ihr damaliger Ex-Freund, aber es gab noch einen zweiten. Mist, jetzt muss ich wieder siebzig Jahre warten. Da muss ich erst einmal mit meinem Krebs sprechen, denn der soll dann mal etwas langsamer machen oder sich ganz verpissen!

Im ersten Stock gab es auch eine Küche. Wo geduscht wurde, habe ich vergessen. Frühstück und Mittagessen gab es gegenüber in der Kantine der Lehranstalt des deutschen Textileinzelhandels und abends zogen wir alle in irgendeinen Nagolder Gasthof, wo wir uns erst einmal mit Maultaschen und Spätzle stärkten für die Nacht, die dann regelmäßig mit viel Weißherbst und Musik in der *Waldruhe* zum Tag gemacht wurde. Das ging so von montags bis donnerstags, denn am Freitag fuhren die meisten heim und nur ich, mit wenigen anderen, durfte mangels Alternativen bleiben. Dann war Ruhe und ich konnte meinen Gedanken nachhängen, wenn ich nicht gerade Tennis spielte oder als Nebenjob die Post austrug. Meist ging ich dann die zwanzig Schritte in den oberhalb der *Waldruhe* liegenden Teil des Schwarzwaldes, bewaffnete mich mit Bleistift, Papier und Anspitzer. Im imaginären Rucksack hatte ich immer ein Bündel von realen Empfindungen, die ich versuchte in Worte zu fassen. Das gelang mir besonders gut, wenn es regnete, denn dann führte mein Selbstmitleid den Stift und schrieb, dass meine Kindheit mich so hatte werden lassen. Da das aber damals Blödsinn war, schickte ich die unbeholfenen und sinnlosen Erklärungen auch nicht an meine Frau. Den schon vorher adressierten Briefumschlag trug ich stets bei mir, ohne ihn jemals zu benutzen. Sprechen konnte ich ja auch mit niemanden, da ich ja mein bisheriges Leben aus Scham gut versteckte.

Am Sonntagabend füllte sich die *Waldruhe* wieder. Das pralle Leben ging wieder von vorne los und ich wurde von der Menge Menschen aufgefangen.

Als Discjockey in der Waldruhe, Anfang der 70er Jahre

Der Südwestfunk mit seinem dritten Programm war Anfang der Siebziger der einzige Radiosender im ganzen Land, der durchgehend bis in die tiefe Nacht Rockmusik spielte. Es war keine Seltenheit, dass auch Tracks von über zwanzig Minuten durch den Äther den Weg in die Ohren der Hörer fanden. „**Echoes**" von Pink Floyd war so ein Beispiel. Die Musik war Tag und Nacht mein Begleiter. Besonders in den Semesterferien, wenn dann alle nach Hause fuhren und ich das Haus für mich allein hatte, hörte ich die Songs so laut, wie es das *Telefunken*-Gerät hergab. Ich konnte und wollte nicht wegfahren, denn ich hatte kein Zuhause mehr. Im Sommer saß ich allein auf der Terrasse, machte mir jeden Abend ein Tomatenbrot mit

Zwiebeln, trank Weißherbst dazu und mein Radio war in der Ferienzeit einer meiner wenigen Freunde.

Es war trotz allem eine schöne Zeit so allein, ich war glücklich und zufrieden mit meinem SWF 3 und den tollen Moderatoren. Es gab da auch schon Comedy, hieß aber anders. Kostprobe gefällig? „Der Mann da auf der Veranda" oder „Ein Inder ist selten behindert". Das sollte man jetzt nachsprechen, dann versteht man es auch. Wer jetzt nicht lacht, hat leider verloren, und dem empfehle ich den Olaf mit seinen drei Pullundern - einen für den Sommer, den anderen für den Winter und den letzten für die Zeit dazwischen. Ich fühlte mich sicher, geborgen und gut aufgehoben in meinem Versteck vor der Vergangenheit.

Später kam ich ins musikfreie Ostwestfalen. Der Weg dorthin war zufällig, denn es hätte auch jede andere Gegend in Deutschland sein können. Röschen, die neben mir wohnte, und ich waren sehr gut befreundet. Ob man ein Paar war oder nur befreundet, war zu der Zeit im Sprachgebrauch tabu. Wir hörten häufig am frühen Morgen Leonard Cohen vor dem Einschlafen, manchmal allein und manchmal auch zu zweit. Als sie nach dem Fachstudium einen Job in Bielefeld hatte, fuhr ich da auch einfach hin, nachdem ich ohne Abschluss mein Zimmer in der *Waldruhe* räumen musste. Wieder musste ich weg und das tat weh, denn ich fühle noch heute das besondere dieses Ortes in der spürbaren Zeitenwende des neuen Jahrzehntes, in dem wieder ein neuer Zeitgeist Einzug halten sollte. Wenn ich daran zurückdenke, bleibt ganz stark in Erinnerung, dass sich Anfang der Siebzigerjahre keiner um einen kümmerte, oder vielleicht kam mir das auch nur so vor. Auf jeden Fall konnte ich in meinem Lebensmodell vogelfrei leben, machen, was ich wollte und dachte nie, dass man auch ganz leicht untergehen könnte, denn es gab immer wieder ein soziales Netz, wenn auch ohne doppelten Boden.

Bei Röschen in der Wohnung am Lehmstich kam ich, frisch in der Leineweberstadt eingetroffen, die ersten Wochen unter. Aber bei ihr gab es kein SWF 3, wir waren einfach zu weit weg von Baden-Baden und an Internet-Radio dachte man im Traum noch nicht. Den Schock, den Sender, die Moderatoren und die unglaubliche Musik nicht mehr zu empfangen, musste ich erst verdauen. Das hört sich leichter an, als es in Wirklichkeit tatsächlich war.

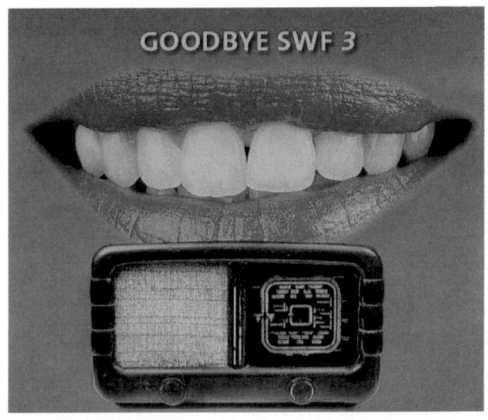

Nachdem ich etwas später dann eine eigene Wohnung hatte, lag diese witzigerweise auch unter dem Dach. Auf dem selbigen hatte der Vorgänger eine Antenne montiert mit einem Rotor, um weiter entfernte Sender zu empfangen. Das war natürlich eines Glückskindes würdig, dass plötzlich und unerwartet mein geliebter Sender wieder Platz in meinem Leben hatte. Juhu, war die Freude groß, denn ein Wiederhören kann genauso toll sein wie ein Wiedersehen mit einem Freund. Also ging ich jetzt mit auf Sendung, rief häufig Samstagsabend an und quatschte mit

den Moderatoren. Frank Laufenberg fand die Sache mit der Antenne super und nahm mich ab und zu auch mal in die Sendung. Ein Stück Heimat hatte ich da durch Zufall wiederbekommen, oder wer wollte mir da eine Freude machen, weil er wusste, wie wichtig das für mich war?
Es war mal wieder Samstag 19:55 Uhr und ich stellte den Rotor auf den Südwestfunk ein. Da ich die Nummer schon hatte, wählte ich den Sender in Baden-Baden, noch per Wählscheibe, genau um fünf Minuten vor Acht an. Das war wichtig, denn wollte man der Erste sein - wer will nicht immer vorne sein -, musste man unbedingt vor den Nachrichten Kontakt bekommen, um dann fünf nach acht der erste Hörer im „POP-Shop" zu sein. Es klappte. Elke Heidenreich, damals auch bekannt unter ihrer Kunstfigur Else Stratmann, moderierte heute ihre allererste „POP-Shop"-Sendung. Ich erzählte mal wieder brav meine Geschichte mit dem Rotor und so. Aber sie wollte natürlich alles genau wissen: Warum, wieso und weshalb ich das mache und was eigentlich mit dem WDR-Hörfunk los sei, dass so positiv Verrückte wie ich es nötig hätten, eine Antenne aufs Dach zu schrauben, um gute Musik zu hören? Als das Gespräch zu Ende war, sie spielte dann wie immer als ersten Song **„Pilot oft the Airwaves"** von Charlie Dore, hatte sie wohl vergessen den Hörer aufzulegen und sagte zu ihrem Redakteur: „Mein erster Hörer und gleich so ein netter!" Puh, war ich stolz.

Später schrieb Elke Heidenreich in *Ein Traum von Musik* über Dores Song: „...und für mich war klar, dass Gefühle, Verständnis, Freundschaft, Liebe nur über die Musik funktionieren konnten, egal, ob Klassik, Jazz, Pop - Hauptsache, die Töne erreichten das Herz mit Wucht und schlugen da ein, wo es wehtat." Wow! Was für ein Satz.

Ein schmerzlicher Verlust traf mich fast 40 Jahre später, als Sandra und ich in Richtung Nagold fuhren. Wir machten ein paar Tage Urlaub im Schwarzwald und wir hatten nur noch wenige Kilometer vor uns. Ich spürte eine innere Unruhe, denn der Ort, an dem ich nur zwei Jahre war, was mir aber heute wie ein ganzes Leben vorkommt, kam immer näher. Wir waren jetzt mehr als ein Dutzend Jahre zusammen und trotzdem weiß man einfach nicht alles voneinander. Ich hatte nur das preisgegeben, was mir schmeichelte oder wo ich irrtümlich dachte, dass ich in der Geschichte meines Lebens der Unglücksrabe war. Vielleicht konnte Sie deshalb meine Vorfreude nicht teilen und hatte sicher Angst vor dem Ungewissen auf unserer Fahrt in mein früheres Leben. Sie hatte vermutlich Angst, Dinge zu erfahren, die sie vielleicht gar nicht wissen mochte. Das merkte man ihr deutlich an, als wir ankamen und die geliebte *Waldruhe*, mein Zufluchtsort, zu meinem Entsetzen nicht mehr da war, wo sie einmal stand. Die *Waldruhe* war damals Heimat geworden, ich hatte Freunde und keine Sorgen. Die Schuld, die ich empfand, wurde weggefeiert und ich dachte, so zu leben, bliebe immer so. Auf der Rückfahrt zum Urlaubshotel sprachen wir sehr wenig, aber sie konnte wohl ahnen, dass das ein Meilenstein in meinem Leben gewesen sein muss, denn in der Zeit waren eine Menge Dinge passiert.

Ende einer zu frühen Ehe

Mittwoch, 07. Juni 1972. Es war 6:38 Uhr als ein „Knock-knock-knock" an meiner Zimmertür zu hören war. Ich wusste, das konnte nichts Gutes bedeuten. Meine Mitbewohner schliefen noch den Schlaf der Gerechten, denn gestern waren wir auf einem Live-Konzert der „Les Humphrey Singers" und alle nicht vor 5:00 Uhr morgens ins Bett gekommen. Als das energische Klopfen nicht nachließ, schlurfte ich schlaftrunken zur Tür und öffnete einen Spalt breit. Es war unser Direktor und der polterte gleich los: „Herr Moh, lassen Sie mich bitte rein?! Ich möchte mich gerne einmal bei Ihnen umsehen." Sein Spitzname war Bubi. Er hatte mich sowieso schon seit Wochen auf dem Kieker und dummerweise hing immer noch das *STERN*-Titelbild mit Andreas Bader und Ulrike Meinhoff an einer meiner schrägen Dachwände. Ein kleines Titelbild vom *Spiegel* mit deren Konterfei war auch noch irgendwo angebracht. Als ich die Poster aufgehängt hatte, war ich wohl politisch verwirrt. Wahrscheinlich war es aber meine Art von Protest, als Sympathisant zu rebellieren. Da die RAF damals zu morden begann, war meine Sympathie zu dieser Zeit schon bei null. An der Einstellung des Direktors mir gegenüber hätte es aber auch nichts geändert, wenn ich stattdessen nur Poster von Jimmy Hendrix oder einen Starschnitt von Janis Joplin an der Wand gehabt hätte.

Nachdem er in mein erstauntes Gesicht geschaut hatte, sagte er ganz süffisant: „Die noch nicht gefassten Mitglieder dieser Verbrechertruppe werden auch bald hinter Schloss und Riegel wandern. Ich gebe Ihnen einen guten Rat, Herr Moh, konzentrieren Sie sich besser mehr auf die LDT (Lehranstalt des deutschen Textileinzelhandels), sonst haben Sie kaum eine

Chance auf einen Abschluss an unserer Lehranstalt." Wer mich wegen meiner verwirrten politischen Einstellung bei der Direktion verpfiffen hatte, habe ich leider nie herausbekommen. Da die *Waldruhe* aber der Schule gehörte, konnte es gut sein, dass hier häufiger mal „à la James Bond" die Zimmer inspiziert wurden. Sean Connery war übrigens der Bond Darsteller `72.

Wir haben immer noch denselben Mittwoch, es war Sommer und ich hatte noch einen Termin am Nachmittag in der Stadt, auf die die Burg des Landgrafen Philipp vom Berg hinab und auf die Leute zu schauen schien. Ich war verabredet mit Landgerichtsrat Starke, Landgerichtsrat Dr. van Gelder und Frau Klapp. Na ja, eigentlich war es genau genommen keine Verabredung, sondern eine Vorladung des Amtsgerichts Marburg an der Lahn. In der Vorladung stand, es ginge um den Rechtsstreit der Ehefrau Christa Brigitte Moh, geb. Wons, als Klägerin und meiner Wenigkeit wegen Ehescheidung.

Also machte ich mich mit meinem *VW Käfer, Modell 1302*, alleine auf den Weg zum Gericht. Damals war es für mich erleichternd, denn ich war froh, dieses Kapitel meines Lebens nun abschließen zu können. Auf der Scheidungsurkunde steht, dass ein Sühneversuch unternommen wurde, aber scheiterte. Also saß ich nun bei Gericht auf einer Holzbank und wurde zur Wahrheit ermahnt. Man machte mich weiterhin darauf aufmerksam, dass ich auch unter Eid gestellt werden könnte und, sofern ich die Unwahrheit sprechen würde, in Haft kommen könnte. Mir war das alles egal, ich wollte einfach nur, dass es schnell vorbeigeht. Ich habe dann wahrheitsgemäß ausgesagt, dass ich meine Ehefrau im Oktober 1971 verlassen habe und nach Nagold gegangen bin. Damals hatte ich meiner Frau auch einen Brief geschrieben, in dem ich zum Ausdruck brachte, dass ich nicht mehr zu ihr zurückkehren wolle. Daran fehlt mir jede Erinnerung und wenn ich es nicht mit eigenen Augen auf der Urkunde gesehen hätte, hätte ich es nicht glauben können. Also muss ich ihr dann doch einen meiner vielen Briefe, die ich im Wald verfasst hatte, geschickt haben. Weiterhin stand in feinem Beamtendeutsch zu meiner Vernehmung „Der letzte eheliche Verkehr war im September 1971". Danach kam das Urteil, das einzige, das ich je von einem Gericht erhalten habe. „Die am 28. März 1970 geschlossene Ehe wird geschieden. Der Beklagte ist schuld an der Scheidung." Peng! Mein schlechtes Gewissen ließ mir damals keine andere Wahl, als alle Schuld auf mich zu nehmen und dem finanziellen Vergleich voll zuzustimmen. Da ich über keine finanziellen Werte verfügte, aber noch eine Abfindung von der Bundeswehr bekam, habe ich diese komplett meiner Frau überlassen. Das war alles, was ich tun konnte, um dem Urteil gerecht zu werden.

Ich fuhr zurück durch mein geliebtes Hessen. Die Gerüche, die mich heute noch verwirren, mich gnadenlos an meine Kinder- und Jugendzeit erinnern, und die Landschaften, die mir so vertraut sind, mir ein Gefühl der Freude schenken – das alles bedeutet für mich Heimat! Das wird sich niemals ändern und immer fest in mir verankert sein.
Im Radio lief die deutsche Hitparade. Ich drehte lauter und passender als der Titel der damaligen Nummer eins konnte es wirklich nicht sein. Aus dem kleinen Lautsprecher drang sanft Christian Anders Stimme: „Es fährt ein Zug nach Nirgendwo, mit mir allein als Passagier. Mit jeder Stunde, die vergeht, führt er mich weiter weg von Dir." Als ich abends wieder nach Nagold zurückkehrte, war die Nachricht des Tages, dass Gudrun Ensslin festgenommen worden war. Da hatte der Direktor wohl schneller Recht behalten, als ich gedacht hätte.

Wochen später riefen sie mir noch tagelang Handballgott zu, denn Texer waren ja alle irgendwie verrückt und selbst an einer so elitären privaten Fachschule spielte man profanen Handball und das sogar in einem damals legendären Team. Wer von uns auf die Idee kam, gegen die ortsansässige Bundeswehr zu spielen, lässt sich heute nicht mehr klären, aber meine Finger hatte ich schon damals mit im Spiel. Das sollte in Nagold das große Ding werden: Soldaten gegen Texer. Warum das so war? Beide Gruppen mochten sich halt nicht besonders und wo auch immer sie sich trafen, gab es Randale. Also wurde der Wirbel um das Spiel hoch angesetzt. Lokalradio gab es noch nicht und für professionelle Plakate war keine Mark da. Also malten wir sie selbst und hängten sie überall auf. Das war eine Heidenarbeit und ein Idiot schrieb doch glatt auf seinen Plakaten das Wort Turnier ohne r. Der Idiot war ich, aber woher sollte ich das auch wissen? Na ja, immer, wenn ich das Wort heute schreiben soll, muss ich tatsächlich nach wie vor darüber nachdenken, mit oder ohne r. Das bleibt dann wohl für immer so.

Der Tag kam, die Halle war proppenvoll, mehr Texer als Soldaten, und ich stand im Tor. Fußballtorwart wäre ich auch gerne geworden, denn schon als Kind liebte ich es, zwischen den grünen Wäschestangen hinter unserem Haus die Schüsse der anderen Jungs abzuwehren - oder auch nicht. Regnete es oder mir war mal wieder langweilig, knüllte ich in meinem Zimmer einfach ein Stück Papier zu einem Ball und warf ihn immer zur linken und zur rechten Seite. Meine gespielten, aber auch gekonnten Paraden kommentierte ich wie ein Rundfunkreporter. Das mag albern klingen, aber so viel hatten wir damals auch nicht, was uns Spaß machte. Dass ich halt gerne Torwart spielte oder einer sein wollte, blieb für den Rest meines Lebens und wo auch immer ich war, war ich der „Goalie".

Das Spiel begann und wir lagen schnell im Rückstand, aber unsere Mädels feuerten uns lauthals an, wir Jungs legten noch eine Schippe drauf und rückten den Fallschirmjägern aus Nagold so langsam auf die Pelle. Eigentlich hätten wir gegen diese durchtrainierten und bissigen Herren keine Chance gehabt, wäre da nicht unser Keeper gewesen. Ja, das war wirklich ich! Ich hielt in der zweiten Hälfte Bälle, die eigentlich unhaltbar waren. Es war auch viel Glück dabei, aber es war wie in einem Rausch, obwohl ich kein Hasch rauchte und auch sonst nichts Berauschendes zu mir genommen hatte. Das Publikum tobte und wir gewannen, mit etwas Glück, aber auf jeden Fall überglücklich, das Spiel und waren Helden, Helden für eine Nacht. Das mit Bowie war später.

Das siegreiche Handball Team, Anfang der 70er Jahre

Gefeiert wurde im *Waldhorn* und ich werde es nie vergessen, wie meine Teamkollegen mich auf den Schultern und unter großem Beifall ins Lokal getragen haben. Das war ein unbeschreibliches

Gefühl und da ich immer wollte, dass mich alle mögen und lieb haben, habe ich das sehr genossen.

Die Legende Nagold

„Beam me up, Scotty" und schon war ich sieben Jahre später ins Jahr `78 von der Enterprise direkt in meine Wohnung gebeamt worden, in der mein Freund Thomas und ich über das Leben und die Zukunft philosophieren sollten und er mir so ganz nebenbei erzählte, dass er sich in Nagold an der LDT, einem meiner Sehnsuchtsorte, angemeldet hatte. Ich war nicht nur überrascht, sondern immer noch voll von Erinnerungen an diese Zeit und geriet in stundenlanges Schwärmen. Heute sagt er, ich hätte „losgelegt wie die Feuerwehr". Er wusste nicht, dass auch ich vor einiger Zeit ein Texer war, denn diesen Lebensabschnitt von mir kannte er nicht. Er hat die ganze Zeit nur mit staunenden und ungläubigen Augen meinen Erzählungen und Anekdoten gelauscht. Es gab Geschichten, die er überhaupt nicht für möglich gehalten hatte. Das ein oder andere Mal dachte er sich: „Na ja, wenn das mal so stimmt", denn über die Jahre, mit dem zeitlichen Abstand, lässt es uns manchmal doch einige Dinge und Erlebnisse toller erscheinen, als sie vielleicht wirklich waren. Ich ließ kein Thema aus, hatte viel zu erzählen und im Mittelpunkt waren natürlich die Mitschülerinnen! Ich erklärte ihm die LDT, ließ mich über die Lehrer aus und machte ihn schon mal mit der Tatsache vertraut, dass ihn dort 200 Jungen und 200 Mädchen im Alter zwischen 20 und 25 Jahren erwarten - und das nicht nur zum Lernen. Die Texer lebten in eigenen Wohnungen oder Zimmern und fern der Heimat. Weiter erzählte ich ihm, dass tolle Feste, eine ausgelassene Stimmung - und das fast jeden Tag - auf ihn zukamen. Die Liebe war noch frei und die schuleigene „Kneipe", die *Waldruhe*, habe ich ihm besonders ans Herz gelegt, denn da ging es besonders ab. Das war für ihn, wohlerzogen und aus gutem Haus, nicht glaubhaft! Für ihn muss es sich so angehört haben, als redet da ein „alter Mann" nostalgisch über die wilden Sechziger.

„Bitte melde Dich gleich, wenn Du den ersten Abend heil überstanden hast, im Tennisclub Nagold, denn die spielen mit der ersten Mannschaft in der Oberliga. Die nehmen dich sofort auf und du hast ein sorgenfreies Leben. Der Präsident wird dir eine tolle Wohnung in Nagold besorgen und du musst dafür nur die Punktspiele für den Verein spielen. Das hat bei mir auch geklappt, obwohl ich am Schluss meiner Zeit mit dem „Direx" über Kreuz war."

Zwei Jahre später kam mein Freund Thomas wieder nach Hause. Er rief mich an, wir verabredeten uns sofort und diesmal konnte er es nicht erwarten, mir zu berichten. „Reini, es waren zwei GRANDIOSE JAHRE", rief er mir schon von Weitem zu und ich sah ihm an, dass da wohl jemand erwachsen geworden war. „Deine unglaublichen Geschichten wurden ja noch `getoppt´ und vom ersten bis zum letzten Tag war es eine tolle Zeit, die auch mich wie dich damals umgehauen hat". Er lächelte und sagte, das Thema „Junge spricht Mädchen an" gab es für ihn nicht, die Mädchen, fern der Heimat, waren sehr „angriffslustig" und haben ihn schnell überzeugt. Er wollte mir das ja nicht glauben. Zum Schluss musste er kleinlaut zugeben, dass ich mit KEINEM Wort in meinen Erzählungen von vor zwei Jahren übertrieben hatte und es mitunter auch noch doller war. Wie mich hat auch ihn diese Zeit enorm geprägt, denn man wird in zwei Jahren LDT erwachsen und selbstständig. Vielleicht ist das der einzige Sinn dieser Schule. Wenn ja, Hut ab!

Erwachsen werden – Wurzeln schlagen Triebe

Der Abschied und der Morgentau

„Kann sein, dass ich überhaupt nicht wiederkommen werde! Die Schule ist aus - für immer, die Schule ist total aus", schreit mir Alice Cooper in seinem Song **„Schools Out"** entgegen und es ist auch das letzte Lied, dass mir mein geliebter Südwestfunk 3 zum Abschied mit auf den Weg gab, denn ich musste meine Schule des Lebens verlassen, da die Ausbildungsförderung der Bundeswehr auslief und ich den angestrebten Titel Textilbetriebswirt BTE deutlich, aber verdient verpasst hatte! In meinem Abschlusszeugnis stand nur der Hinweis „Er belegte während seines Studiums die umseitig aufgeführten Fächer...", die aus heutiger Sicht eigentlich genau mein Ding gewesen wären. Hier mal eine kleine Auswahl: Verkaufskunde, Werbelehre, Methodik der Nachwuchsschulung und Rhetorik. BWL, VWL und alle Arten von Recht standen mit vielen Fächern der Warenkunde ebenfalls auf dem Stundenplan. Jahre später hätte ich alles mit Kusshand genommen, die Nächte durchgelernt und jede Vorlesung besucht, denn all das Wissen konnte man später dringend gebrauchen. Die versäumten Arbeitsgruppen sind unwiderruflich verloren für mich.

Zum ersten Mal in meinem Leben gab es jetzt kein vorbestimmtes Ziel mehr und somit hatte ich ein Problem. Wo sollte ich hin, kein Ort mehr, an den man zurückkehren konnte. Alle anderen Mitschüler konnten zurück in den elterlichen Schoß oder wurden von renommierten Häusern angefragt. Mich hat keiner angefragt und was hätte ich auch antworten sollen? „Hey, ich muss erst einmal mit meiner Vergangenheit klarkommen, oder kann in Ihrer Firma jeden Abend Musik auflegen und darüber hinaus den Betriebssport mit Tennis beglücken?". Das war damals noch nicht gefragt, aber heute weiß ich, dass ich meiner Zeit nur drei Jahrzehnte voraus gewesen sein muss, denn dann wäre ich mit meiner Vita vielleicht ein erfolgreicher Incentive-Manager in einem großen Unternehmen geworden.

In den letzten Tagen vor meiner Abfahrt machte ich mir den Spaß und weckte jeden Tag im Morgengrauen das Haus mit „**Morning Dew**" von Nazareth auf. „Play it Loud" stand auf der Platte und das tat ich dann auch. Was für ein schönes Wortspiel. Vom Morgengrauen in den Morgentau. Es lohnt sich, mal selbst den Versuch zu machen. Er dauert ganze 8 Minuten und 5 Sekunden und ist einfach ein Erlebnis. Aber bitte ganz laut hören! Es war ein Hilferuf von mir!

Alice Cooper noch im Ohr machte ich mich auf den Weg in die Textilstadt Bielefeld, wo viele meiner damaligen Mitschüler und besonders Röschen schon waren. Was hätte ich damals für ein Navigationsgerät oder Mobiltelefon gegeben, um mein Ziel zu erreichen. Röschen sagte mir nur: „Wenn Du direkt in Bielefeld hineinfährst, siehst Du schon von Weitem den Ostmannturm. Er ist ein 34 Meter hoher Wasserturm und mit seinem kupfernen Turmhelm nicht zu verfehlen. Da findest Du mich." Sie hatte schon eine tolle Anstellung bei der Firma Jobis, bot mir aber schon zu Nagold-Zeiten an, wenn ich nicht wüsste wohin, könne ich zu ihr kommen. War das diesmal Glück oder Schicksal? Hätte das auch eine andere Stadt, eine andere Frau oder gar ein fremdes Land sein können? Nein, es war Bielefeld und es war Rosmarie Weber.

Da meine unfreiwillige neue Heimat, wie gesagt, eine Textilstadt war, bekannt auch als Leineweber-Stadt, machte ich mir keinen Kopf über eine Arbeit. Wird sich schon finden, dachte ich so bei mir. Aber eigentlich war mir gar nicht so richtig klar, was ich nun wirklich beruflich und privat machen sollte. Ohne Geld und mit einem Sack von Schuldgefühlen auf den Schultern war ich nun schon einige Wochen hier, immer noch Gast bei Röschen, die mich auch langsam drängte, nun aber mal selbstständig zu werden. Wenn Sie gewusst hätte, dass dieser Prozess noch mehr als ein Jahrzehnt dauern sollte, hätte sie sicher versucht, mehr Geduld mit mir zu haben. Mir war klar, jetzt musste ich mich zumindest kooperativ zeigen, ernsthaft eine Arbeit und eine eigene Bleibe suchen.

Das mit der Wohnung und der Arbeit ging ratzfatz und der Moderator des Mittagsmagazins auf WDR sagte immer noch: „Guten Tag meine Damen und Herren, guten Morgen liebe Studenten". Der WDR war ein reiner Magazinsender und so war es nicht verwunderlich, dass wir damals alle mit fliegenden Fahnen zum englischen Soldatensender BFBS überliefen, ohne auch nur ein Wort zu verstehen. Ich vermisste meinen „Gute Laune-Sender" aus Baden-Baden. Durch die Leere in mir wurde mir außerdem klar, dass ich zum ersten Mal in meinem Leben ganz allein auf mich gestellt war, sozusagen mutterseelenallein.

Jetzt kam eins zum andern, denn mich erreichte ein Brief vom Gericht in Wilhelmshaven, in dem man mir mitteilte, dass meine Klage gegen meine Eltern abgewiesen worden war. Heute wäre der Grund der Klage „Pille Palle", aber damals war es für mich von großer Bedeutung, denn es ging um einige hundert Euro, die meine Eltern von meinem mit viel Schweiß erarbeiteten Sparbuch abgehoben hatten, um es für andere Dinge zu verwenden. Schwamm drüber, so war das eben damals in unserer Gesellschaft, aber das Geld hätte ich in meiner Situation wirklich dringend brauchen können.

„Hier brauche ich noch Ihre Unterschrift, Herr Moh, Sie sind doch Herr Moh, oder?", sagte der Postbote, der gerade geklingelt hatte und mir jetzt gegenüberstand. „Doch, doch das bin ich", und mir wurde bewusst, dass ich hier gar nicht zu Hause war, denn auf dem Klingelschild stand Weber. „Ich habe hier ein Einschreiben für Sie. Bitte hier unten unterschreiben." Der Brief hatte den Absender meines Rechtsanwaltes aus Wilhelmshaven, wo ich zwei Jahre vorher noch mit meiner früheren Frau Christa gewohnt hatte, denn so lange lag der Beginn des Rechtsstreites nun schon zurück. Im Inhalt befanden sich ein gelbliches Deckblatt aus festem Papier und drei Seiten Durchschlagpapier, die mehrere handschriftliche Änderungen und Korrekturen mit Kugelschreiber aufwiesen. Zusammengehalten wurden die vier Blätter mit einer waagerecht getackerten Heftklammer. Das wichtigste schrieb er auf dem festen Papier und das las sich im Beamtendeutsch etwa so: „In der Sache gegen Ihre Eltern übersende ich Ihnen das Schlussurteil des Amtsgerichtes Wilhelmshaven, dass Ihre Klage abgewiesen wurde und ich empfehle Ihnen, keine Rechtsmittel einzulegen." Habe ich dann auch nicht getan, aber die Rechnung musste ich bezahlen.
Das Schreiben kam übrigens an so einem typischen Spätwintertag im März mit Bodennebel und grauen Aussichten für die nächsten Stunden. Tja, manchmal passt das Wetter einfach wie die Faust aufs Auge zum Anlass.

Aber wie konnte es überhaupt zu dieser Klage mit Rechtsanwälten und Gericht gegen die eigenen Eltern kommen, wo es doch objektiv betrachtet eigentlich um eine „kleine" Sache ging? Und das in dieser Zeit und wo das vierte Gebot besagt, „dass man seinen Vater und seine Mutter ehren soll"? Aber wie alles im Leben hat auch dieses Ereignis natürlich eine Vorgeschichte und eigentlich hätte es für mich besser heißen können: „Du sollst Vater, Mutter und Deine Geschwister lieben, ganz unabhängig von der Nächstenliebe", denn dann wäre es vielleicht gar nicht zu dieser Klage und diesem Urteil gekommen.

Wie dem auch sei, ausschlaggebend war letztendlich, dass es bereits einige Jahre zuvor, das war noch zu Beginn meiner Wehrzeit und vor meiner kurzen Ehe, zu einer tiefen Spaltung zwischen mir und meiner Familie kam und der Anlass hierfür war eigentlich banal, wie alles, was menschliche Tragödien auslöst.
An den Wochenenden kam ich immer von der Bundeswehr nach Hause, blieb aber nicht lange bei meinen Eltern und Geschwistern, sondern fuhr zu meiner Freundin Chris. Meistens brachte ich nur kurz meiner Mutter die Schmutzwäsche vorbei, um sie dann am Sonntag wieder abzuholen, wenn ich zurück zu meiner Einheit fuhr. Ich hatte mal wieder schnell die ersten Stufen der Treppen auf dem Weg nach draußen genommen, um meinem Vater nicht zu begegnen, da hörte ich ihn schon brüllen, dass das ja wohl eine Unverschämtheit sei, und fügte hinzu: „Wenn Du nur zum Wäsche abgeben kommt, brauchst Du nie wieder meine Wohnung betreten." Da klingelte mir plötzlich noch ein anderer Satz meines Vaters in den Ohren, den nicht nur ich bereits mehrfach gehört hatte und der damals in den Familien preisgekrönt war: „Solange Du Deine Füße unter meinen Tisch stellst,...!" Das hat bestimmt schon jeder wenigstens einmal gehört in seinem Leben. Ich für meinen Teil hatte mir das Gesagte in diesem Moment auf jeden Fall zu Herzen und zum Anlass genommen, von nun an endgültig meine Füße zu meiner Freundin unter den Tisch ihrer Eltern zu bewegen.

So kam es dann durch diese Episode auch zum endgültigen Bruch in der Beziehung zu meinem Vater und dem Rest der Familie, der für immer bestehen bleiben sollte. Unüberwindbare Gräben hatten sich zwischen uns aufgetan und die Spaltung zwischen uns war, nach allen Geschehnissen, einfach nicht mehr zu kitten. So hatte ich also schon vor Längerem meine Familie verloren, meine Frau und unser Kind auch und wenn ich es heute genau betrachte, müsste das vierte Gebot noch den Zusatz enthalten, dass die Eltern auch ihre Kinder lieben sollen.

Meinen Vater habe ich dann nur noch einmal vor seinem Tod wiedergesehen. Er war nach einem Schlaganfall nur noch ein Schatten seiner selbst und ich konnte ihm noch einmal in seine dunkelbraunen Augen schauen. Immer noch hatte ich Angst vor ihm und wartete nur auf das Ausholen zum Schlag. Aber er schaute mich nur mit traurigen Augen an und mir wurde klar, dass er sich auch in mir sah und dass das sicher nicht zuletzt auch ein Grund für sein Verhalten mir gegenüber gewesen sein wird.

Mein Vater in späteren Jahren

Hamburger Deern

„**Oh Hamburger Deern, süße Hamburger Deern**", so beginnt im Jahr `75 ein Song der Hamburger Rentnerband. Ja diese Band gab es wirklich und die spielten auch schon vor Udo Lindenberg in *Onkel Pös Carnergie Hall* in Hamburg. Der Bandname stammte natürlich von Udo Lindenberg und geadelt wurden sie in seinem Song „**Andrea Doria**": „**Bei Pö spielt `ne Rentnerband seit 20 Jahren Dixieland; 'n Groupie hab'n die auch, die heißt Rosa oder so und die tanzt auf'm Tisch wie'n Go-Go-Go-Girl**".

Ungefähr fünf Jahre früher ging es für mich schon mit der Rentnerband los. Wir, das waren die wahren Musikfans vom Fliegerhorst, fuhren damals immer am Samstag nach Hamburg, um bei den legendären Sessions im *Pö* dabei sein zu können, denn die damalige Hamburger Szene entwickelte sich genau dort im Umfeld der Musikkneipe *Onkel Pös Carnegie Hall*. Der Name war der legendären *Carnegie Hall* in New York entliehen und später, viele Jahre später, durfte ich auch tatsächlich mal persönlich einen kurzen Blick in das New Yorker Original hineinwerfen. An jedem Wochenende trafen sich die Musiker der Hamburger Szene im *Pö* und spielten sich schwindelig mit ihren berühmten Sessions. Inga Rumpf, Achim Reichel und die komplette Villa Kunterbunt waren immer in wechselnder Besetzung dabei. Die Villa Kunterbunt war eine WG, zu der unter anderen Udo Lindenberg, Marius Müller-Westernhagen, Otto Waalkes, Gottfried Böttger und Lonzo, der Teufelsgeiger, gehörten. Wer von wem was für seine Musik und Texte benutzt hatte, war nie ganz klar. Denkbar aber war, dass die, die oben wohnten, des Öfteren auch mal den Teppich zur Seite rollten und die Ohren ganz dicht an das Parkett legten, um zuzuhören und sich inspirieren zu lassen. So waren wir, ohne es zu ahnen,

Zeitzeugen der damaligen Hamburger Szene. Nicht von ungefähr stammen daher viele meiner Platten aus dieser Zeit und auch noch später von den besagten Künstlern der Hamburger Szene und der Villa Kunterbunt. Lustig wurde es auch immer noch zu späterer Stunde bei *Onkel Pö*, so um Mitternacht, wenn dann dort der jeweilige Tagesschausprecher mit großem Hallo und Tusch empfangen wurde. Werner Veigel bleibt besonders in Erinnerung, denn der hatte anscheinend so oft Dienst, dass man vermutete, er machte den Job nur, um abends im *Pö* noch einen oder manchmal auch zwei zu trinken. Er war aber total beliebt bei allen, obwohl wir doch um einiges jünger waren. Die Musiker mochten ihn einfach!

Aber zurück ins Jahr '75. Just zu dieser Zeit sollte ich meine Hamburger Deern aus der Nagolder Zeit wiedersehen. Ihr Name war Sabine, in unserer Klasse die längste, mit pechschwarzen Haaren und einfach dufte. Ein Kumpeltyp, den es so nicht unter Männern gibt und auch niemals geben wird. Sie half mir aus schwierigen Lebenssituationen heraus, denn sie war und ist es hoffentlich noch heute: eine starke Frau. Wir mochten uns und sie tat mir einfach nur gut, aber mehr war da nicht, bis auf eine einzige Nacht. An diesem Abend hatten wir gemeinsam mit Klassenkameraden ein Konzert der „Les Humphries Singers" in Böblingen besucht und kamen mal wieder erst spät, sehr spät zurück. Am nächsten Morgen aber waren wir wieder nur gute, sehr gute Freunde und das fühlte sich gut an.

Nachdem ich nun mittlerweile eine feste Anstellung in einem großen Textil-Einkaufsverband in Bielefeld gefunden hatte, führte mich mein Weg beruflich auch nach Hamburg, um die ankommenden Waren aus Honkong zu überprüfen. Ja, als Assistent der Einkäuferin musste ich mit meinem alten Volkswagen in die Speicherstadt und mir mühsam den Weg durch hunderte von Kartons bahnen, um die Textilien zu zählen, zu tasten oder einfach so zu tun als ob. Das war damals halt so. Da flogen die Container am Hafen noch nicht wie von Geisterhand bewegt durch die Luft. Alles war noch Handarbeit, verdammt mühselig und die Hafenarbeiter grölten abends völlig erschöpft in den Kneipen „**Oh Hamburger Deern, süße Hamburger Deern. Nun sag bloß nicht jedem, dass wir'n Liebespaar wär'n**". Bei unserem ersten Treffen in Hamburg hatte ich nur ein Foto von Sabine und keine Telefonnummer. Ich wusste aber ungefähr, in welchem Viertel sie wohnte, und fragte mich kurzerhand mit dem Bild nach ihr durch wie im Kriminalfilm, und ich fand sie tatsächlich. Früher ging so was also auch ohne Facebook & Co., so!

Bei meinem zweiten Besuch zur Warenprüfung öffnete ich nur wenige Kartons und machte mich schnellstmöglich wieder auf den Weg zu ihr. Wir verbrachten einen tollen Tag mit Sonne, Kaffee und Kuchen und beim Abschied drang aus einer gegenüberliegenden Hamburger Kneipe schon tagsüber die Stimme von Peter Petrel und der Rentnerband zu uns herüber: „**Oh Hamburger Deern, süße Hamburger Deern, nun sag bloß nicht jedem, dass wir'n Liebespaar wär'n, der gestrige Abend mit Bier und Pineau (Aperitif) ließ mich bei dir landen da war ich ganz froh**".

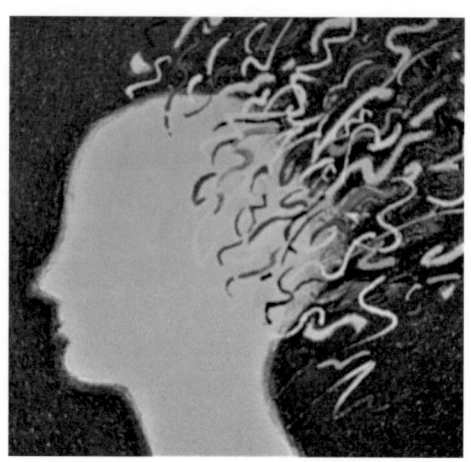

Hamburger Deern

Bald darauf veränderte ich mich beruflich und damit waren auch die Fahrten nach Hamburg vorbei. Danach haben wir uns für immer aus den Augen verloren, aber die Erinnerung und der Song bleiben!

Ein kurzer Ausblick 12 Jahre später

Ich sah eine Frau auf der Bühne, die der liebe Gott geschaffen hat, um anderen Frauen vorzuführen, wie man auf hohen Hacken tanzt.

Ich musste zugeben, dieser Job macht schon Spaß. Man kommt rum als „Bielefelder auf Musiktour", hört und sieht die Großen des Musikgeschäftes und darf danach auch noch so richtig ablästern, denn das Bielefelder *TOP-Journal* hat dafür immer Monat für Monat für mich eine ganze Seite reserviert.

Diesmal gab es nichts zu lästern, denn Tina Turner rockte und überrollte bereits wochenlang die bundesrepublikanischen Konzertbühnen. Am Tag der Arbeit 1987 war Station in Hannover und 10.000 Schaulustige aller Couleur und ich waren bei diesem außergewöhnlichen Comeback der Musikgeschichte nicht nur dabei, sondern am gefährlichen Rand des Vulkans Namens „Tina".

Über 30 Jahre hartes Showgeschäft hatten aus dem Mädchen aus Nutbush/Tenessee die Tina Turner der Achtzigerjahre gemacht. Sie hatte Höhen und Tiefen durchlaufen, ähnlich einer Achterbahn, und erntete jetzt nach so langer Zeit die „späten Rosen" des Erfolges.

Es machte Spaß diesem „ehrlichen" Wirbelwind zuzusehen, wie sie immer auf hohen Hacken tanzend die Bühne von links nach rechts oder anders herum zu ihrem eigenen „Jogging-Parcours" machte. Je länger das Konzert dauerte, umso schwerer wurde es für mich, sie live zu erhaschen, denn mittlerweile wurde die Dame von ihren Begleitern auf den Schultern getragen. Mir schien, Sie würde gern mehr mit uns, ihrem Publikum, machen wollen, aber die perfekte Konzeption der Bühnenshow ließ ihr wenig Spielraum dafür.

Der Zugabenteil mit den großen Hits zeigte Tina so, wie wir sie kennen, und dass sie mehr Soul im kleinen Zeigefinger hat als viele andere der Blackmusic-Szene zusammen.

Ende der Show! For tonight!

Discographie meiner ersten 25 Jahre

Der gute Ton

(Ein Gedicht meines leider schon verstorbenen Freundes Hans-Jürgen Geyer)

Thomas Alfa Edison, der schätzte sehr den guten Ton.

Insofern lag es auf der Hand, dass er das Grammophon erfand.

Begann die Töne so zu speichern um die Welt mit Musik zu bereichern.

Und dann kam er – aus des Trichters Rohr- krächzend vertraut, der „Troubadour".

Wäre das damals anders gelaufen, hätte es heute keine Discographie meiner ersten 25 Lebensjahre unter dem Motto „Soundupdates of my Life" gegeben.

Die Lady in Black von Uriah Heep traf den Pretender von Jackson Browne und tanzte mit ihm und Bill Haley „Rock Around The Clock", währenddessen bei „Capri die rote Sonne im Meer versank" und mit ihr der gute Rudi Schuricke, aber Freddy sprang sofort in die Bresche und schmetterte mit dem Auftauchen aus dem Meer: „Heimatlos sind viele auf der Welt, heimatlos und einsam wie ich und keine Freunde, keine Liebe, wie es früher, früher einmal war". Kaum war der letzte Ton verklungen, rief Chubby Checker „Come on everybody, Clap your hands and Let´s twist again", doch Elvis berührte mit „„„Are You Lonesome Tonight?", während die „Blue Diamonds" ihre „Ramona" anhimmelten und Connie Francis einen „Schönen fremden Mann" besang, der aber ein paar Monate später mit Mina im „Heißen(r) Sand" verschwand, denn gegen den „Twist" von Chubby Checker, das „Good look Charm" von Elvis oder das

„Twistin' the Night Away" von Sam Cooke war kein Kraut gewachsen, es sei denn man heißt Cliff Richard und fand, dass „man rote Lippen küssen soll", denn das tat Peter Krauss auch täglich mit seinem „Sweety", aber ab und zu auch mit dem „Sugar Baby", oder er sang einfach „Wenn Teenager träumen, große Damen zu sein", aber als das grandiose „I Want to Hold Your Hand" aus dem Radio donnerte, waren die Beatles mal gerade vom Himmel gefallen und wir vom Blitz getroffen, und die vier Liverpooler Jungs kloppten sich gleich mit dem Song „Ich kauf mir lieber einen „Tirolerhut" von Billy Mo um die Plätze an der Hitparaden-Sonne, doch Freddy mit „Junge, komm bald wieder" und „Heimweh" oder „Ich will 'nen Cowboy als Mann" von Gitte tummelten sich im oberen Bereich, aber gegen das „She loves you, yeah- yeah-yeah-she loves you-yeah-yeah-yeah" von den Pilzköpfen waren sie ton- und machtlos, und das „Yesterday" hielt Einzug in den Musikunterricht an den Schulen, und „All my loving" von der LP „With the Beatles" machte Schau, aber die Stones funkten mit "You gotta tell me you're coming back to me" dazwischen, die Beatles wiederum tauchten mit „Yello Submarine" und beide Bands umschwärmten das „Supergirl" von Graham Bonney, doch es nutzte nichts, denn die Troggs machten mit „A Girl like You" letztlich das Rennen, und „If you're going to San Francisco, Be sure to wear, Some flowers in your hair" kündigte die „Three Days of Peace and Music" in Woodstock an, und das letzte Konzert der Beatles 1969 auf dem Apple Dach in London war nicht weit, aber die Bee Gees wollten nicht aufhören, sondern zurück nach Massachusetts, was aber „Martin", dem Freund von Mireille Mathieu, egal war und Simon

& Furunkel in Begleitung von „Mrs. Robinson" buchten heimlich den letzten freien Platz im Flieger nach Amerikaland, denn sie mussten „Scarborough Fair" für einen Film in Hollywood abliefern, die rollenden Steine waren ihnen mit „I'm free" auf den Fersen und mochten schon damals „Like a Rolling Stone" von Bob Dylan, dicht gefolgt von den Strandjungs, die ein kleines Boot namens „John B" mit sich führten und unnachahmlich ihr geiles „Wouldn't It Be Nice" trällerten, aber T.Rex war auf der Insel geblieben, um mit „Hot Love" viel „Glammer" zu verbreiteten, während Lobo wieder mal viel Schmalz mit „I'd Love You to Want Me" auf den Plattenteller brachte und ein „Taxi nach Paris" erst dreizehn Jahre später eine Option werden würde, aber „The End" von den Doors ´67 noch nicht das Ende war, denn auch Ulla Meinecke sang: „Wenn schon nicht für immer dann wenigstens für ewig", doch Neil Young brachte es mal wieder auf den Punkt: "It's better to burn out than to fade away", und während Lenny Cohen die Nacht an der Seite von „Suzanne" verbrachte, beschwerte sich Carly Simon über Warren Beatty in "You're so vain", und die „Echoes" von Pink Floyd waren meilenweit zu hören, aber „Pilot of the airwaves" von Charlie Dore traf mitten ins Herz, und Christian Anders sang im Bahnhof Hamburg „Es fährt ein Zug nach Nirgendwo", und es war früh am Morgen, denn „Morning Dew" von Nazareth dröhnte aus den Lautsprecherboxen an Gleis 5, im Anschluss gab auch noch Alice Cooper seinen Senf zu den Schulferien an alle Schüler mit „School`s out" weiter, und auf der Anzeigetafel war zu lesen „Bei Onkel Pö spielt `ne Rentnerband seit 20 Jahren Dixieland; 'n Groupie hab'n die auch, die heißt Rosa oder so und die tanzt auf'm Tisch wie'n Go-Go-Go-Girl", damit war mal wieder alles klar auf der „Andrea Doria" und die „Rentnerband" träumt von ihrer „Hamburger Deern", aber in der Ferne ruft Annie Mae Bullock mit ihrem Idol David Bowie allen zu:

Alles wird gut heut Nacht,
ich sagte alles wird gut heut Nacht,
keiner bewegt sich, keiner spricht keiner denkt,
keiner geht heut Nacht *(und zu David)*:

Ich werde dich lieben bis zum Ende
Ich werde dich lieben bis ich das Ende erreiche
Ich werde dich lieben bis ich sterbe
Ich werde dich im Himmel sehen Tonight.

FotoGraphie

„Was so bemerkenswert an der Schwarz-Weiß-Fotografie ist, ist wie sie das Gefühl von Realität zum Vorschein bringt."
- Peter Lindbergh

Folgende hier chronologisch aufgeführten Fotos, Grafiken und Bilder sind mit freundlicher Genehmigung der Fotografen, der Erben, der Künstler und der Bearbeiter in diesem Buch veröffentlicht und tragen zu dem bei, was Peter Lindbergh oben erwähnt. Ich bedanke mich bei „ALLEN", denn mit ihrer Unterstützung trugen sie einen nicht unerheblichen Teil dazu bei, dass mit der „BuchTherapie" der Kampf gegen den Krebs noch nicht verloren ist.

Los geht`s:

„Freundschaft über Grenzen hinaus", S. Ehrler / „Abreise in die zweite Heimat", H. J. Geyer, St. Kollmeier / „Schämen", H. J. Geyer, St. Kollmeier / „Ich und die Dorfschule in heutiger Zeit", S. Ehrler / „Charly Tripp 62", Ch. Tripp / „Von der Burg ins Tal geblickt", S. Ehrler / „Claudia Cardinale, Angelo Novi / „Abschied von der Kindheit", Play Sportmarketing / „Auf dem Weg zu Prof. Dr. Schneiderreit", S. Ehrler / „Immer noch Schutt und Asche seit 1970", S. Ehrler / „Angelika Meißner", André Mieles / „Elvis", S. Ehrler / „Wir wollen niemals auseinandergehen", André Mieles / „John Lennon", H. J. Geyer, St. Kollmeier / „Sandy, Pauly und ich", S. Ehrler / „Sag beim Abschied leise Servus", S. Ehrler / „Die legendäre Jukebox", St. Kollmeier / „GOODBYE SWF 3", St. Kollmeier / „Erwachsen werden - Wurzeln schlagen Triebe", H. J. Geyer, St. Kollmeier / „Die Hamburger Deern?", H. J. Geyer, St. Kollmeier / „Tina 87 in Hannover", Klocke Verlag Bielefeld / „Soundupdates of my Life", H. J. Geyer, St. Kollmeier / Porträtfoto „Reinhard Moh 2017", S. Ehrler

„Reinhard Moh 2017" ist das German Glückskind.

Geboren am 18.05.1950 in Heidelberg

Privatier seit 2013

01/15 Nicht kleinzelliges Bronchialkarzinom

07/17 Nicht gesund, nicht geheilt, aber glücklich!!!